Martina Forkel

Wohnen im „Stil“ des Historismus

Herausgegeben im Auftrag der Stiftung
„Museumsdorf Cloppenburg · Niedersächsisches Freilichtmuseum“
von
Helmut Ottenjann

ISBN 3-923675-16-X

Verlag: Museumsdorf Cloppenburg
Niedersächsisches Freilichtmuseum
Postfach 1344
D-49643 Cloppenburg

Druck: Druckerei Ostendorf GmbH,
D-49661 Cloppenburg

Professor Dr. Wolfgang Brückner
zum 60. Geburtstag

Inhaltsverzeichnis

Vorwort des Herausgebers

Möbel im „Stil des Historismus“, in England auch als „Eclecticismus“-Stilmöbel bezeichnet, erfreuen sich nach 1830 bei den herrschenden und wohlhabenden Oberschichten eines lebhaften Zuspruchs und finden sowohl in repräsentativen Sälen und Stuben als auch in Schlaf- und Wirtschaftsräumen Eingang. Zur Mitte des 19. Jahrhunderts dringt dieser neuartige, epochenprägende Möbel- und Möblierungsstil auch in die Wohnbereiche der Bürger- und Bauernhäuser ein. Wie kaum in einer Zeit zuvor werden die Wohnungen unterschiedlicher Sozialschichten alsbald nach sehr änlichen, fast „standardisierten“ Möbel- und Möblierungsmustern ausgerichtet. Besonders in dem historisch so bedeutungsvollen Zeitabschnitt der Technisierung und Industrialisierung der Arbeitswelt und des alle Schichten erfassenden Prozesses der „Verbürgerlichung“ der Lebenswelt ist man bestrebt, das Mobiliar des jeweiligen Raumes im aufeinander abgestimmten „Stil“ und in vollständiger Garnitur zu arrangieren; man kauft jetzt nach Möglichkeit komplette Möbelgarnituren wie Tisch, Stühle und Büfett oder Betten, Kleiderschrank und Nachttische einheitlicher Prägung.

Das große Kaufinteresse und die hohe Wertschätzung, die dieses nach historischen Vorbildern ausgerichtete „stilvolle“ Möbel bei breitesten Bevölkerungskreisen findet, wird um die Jahrhundertwende durch gesellschaftspolitisch besonders engagierte Kunst- und Kulturinstitute kritisch in Frage gestellt, letztlich mit dem Ergebnis, daß das Möbel des Historismus bei der Kunstgeschichte, den kunst- und kulturgeschichtlichen Museen und entsprechend beim Kunst- und Antiquitätenhandel in „Acht und Bann“ fällt. Noch heute sind derartige Möbel auf allen Antiquitätenmessen mit „gehobenem“ Anspruch Nord- und Süddeutschlands mehr oder minder verfehmt.

In fast übereinstimmenden Formulierungen heißt es in den Teilnahmebedingungen für historische Möbel auf Antiquitätenmessen, beispielsweise in Berlin: „Zugelassen sind europäische Möbel und andere Einrichtungsgegenstände von kunsthandwerklicher, einwandfreier Verarbeitung und gehobener Qualität bis 1840... Möbel aus der Zeit des Louis Philippe oder des deutschen Historismus sind nur zugelassen, wenn sie einen eigenständigen Stilwillen zeigen und von hoher künstlerischer Qualität sind“. Eine ebenso festgefügte, tiefe Abneigung gegen diese historisierenden, stilüberladenen Möbel und Möbelensembles aus der zweiten Hälfte des 19. und des frühen 20. Jahrhunderts entwickelten zur gleichen Zeit wie die Kunsthistoriker und die Antiquitätenhändler auch die Historiker und die Volkskundler; sie alle konservierten die fast einhellige „Lehrmeinung“ der künstlerischen, kunstgewerblichen und letztlich historischen Geringschätzung des Historismusmöbels bis in die 70er Jahre unseres Jahrhunderts. Erst danach folgte, langsam genug, die Kehrtwende zu einer wertfreieren, historisch orientierten Beurteilung mit der einfachen, nicht vorgefaßten, jedoch einzig richtigen Fragestellung: Wer hat in dieser so bedeutenden Epoche des gesellschaftlichen, agrarischen und industriellen Umbruchs und Aufbruchs mit welchem Mobiliar wie gewohnt?

Die Volkskunde, in ihrem Aufgabenkanon als Sozialgeschichte regionaler Kultur von Wolfgang Brückner definiert, hätte eigentlich früher als die Kunstgeschichtswissenschaft den historischen Rang der Fragestellung nach den Möblierungs- und Wohnmustern unterschiedlicher Bevölkerungsschichten in Stadt und Land gerade für diesen Zeitabschnitt erkennen müssen. Auch das Museumsdorf Cloppenburg als Niedersächsisches Museum für ländliche Bau- und Wohnkultur muß eingestehen, erst nach 1970 die Bedeutung einer allumfassenden historischen Möbel- und Wohnkulturforschung ohne Ausklammerung bestimmter Zeitepochen klarer denn zuvor erkannt zu haben; allzu starr war der Blick auf das „volkskünstlerische“, „handwerklich-bodenständige“, uralte „Bauernmöbel“ gerichtet.

Auf der Suche nach neuen Forschungskonzepten und Sammlungsstrategien zum Thema des historischen Möbels und des Wohnens im ländlichen Raum vom Mittelalter bis zur Gegenwart bediente sich das Niedersächsische Freilichtmuseum Cloppenburg des eh und je bewährten Instrumentariums der systematischen Inventarisation, anfänglich großzügig gefördert durch die Volkswagenstiftung. Erste wissenschaftliche Ergebnisse dieser grundlegenden Möbel- und Wohn-Basisforschung wurden zwischenzeitlich in mehreren Monographien und Aufsätzen vorgelegt. Aufgrund vieltausenfacher fotodokumentarisch erfaßter Möbelmengen aus dem Weser-Ems-Gebiet konnte u.a. der Nachweis erbracht werden, daß hier in vielen Regionen die historische Sachkultur, vor allem das Möbel, um 1600 ein zunehmend markantes Eigengepräge erhält. Für die gleichen Gebiete konnte am historischen Kulturgut, wiederum optimal am historischen Möbel, abgelesen werden, daß nach 1810 der Auflösungsprozeß eigengeprägter, kleinregionaler Kulturräume beginnt und zur Mitte des 19. Jahrhunderts endgültig abgeschlossen ist. Durch Sachquellen sowie durch archivalische Quellen (Hausarchive, Wirtschaftsbücher der Handwerker, Bauern und Kaufleute etc.) kann der Nachweis erbracht werden, daß schon in der ersten Hälfte des 19. Jahrhunderts auch die ländlichen Bevölkerungskreise bereit sind, das in der Ferne produzierte oder nach dem Trend weit entfernt liegender Produktions- oder Designszentren entworfene Kulturgut, verbreitet durch Verkaufskataloge, Prospekte, Vorlagebücher, Zeitschriften etc., in die eigene Wohnung aufzunehmen, sich damit zu umgeben und das bis dato nach „uralter“ Tradition gepflegte Ausstattungsmuster gewissermaßen in kürzester Zeit über Bord zu werfen. Das „Traditionell-Altartige“, das kleinregional geprägte Kulturgut aus der Epoche des Ancien Régime wird zugunsten einer überregional gültigen, „zeitgemäßen“, nicht schichtengebundenen materiellen und geistigen Kultur einer moderneuropäischen Zeit ausgewechselt.

Aufgrund der vom Niedersächsischen Freilichtmuseum Cloppenburg in großer Zahl entdeckten und in mehreren Publikationen ausgewerteten Werkstatt-Anschreibebücher (Annotationsbücher der Handwerker) sowie der Archive ländlicher Handwerker muß mit Nachdruck darauf hingewiesen werden, daß trotz des Umsteigens auf neue Möbelstile und Möbelproduktionsweisen auch im ländlichen Raum nach 1810 die bestehenden Werkstätten nicht nur weiterproduzierten, sondern die Möbelherstellung entsprechend den neuen Wohnwünschen sogar erheblich steigerten. Die Mengen der auch in ländlichen Werkstätten produzierten und von den ländlichen Käuferschichten angeschafften Möbel nahmen im Zeitraum von 1800 bis 1900 ständig zu.

Obwohl das Möbel, vor allem das seit der Mitte des 19. Jahrhunderts entstandene, nach überregional gültigen Kulturmustern und weithin akzeptierten Vorbildern und Vorlagen verfertigt und angeschafft wurde, ist es bei systematischer Analyse aller in der jeweiligen Region zur Verfügung stehenden Quellenarten (privater historischer Sachzeugen, privatrechtlicher und staatsrechtlicher Archivalien) durchaus noch möglich, eine regionale Zuweisung zu erreichen. Eine allumfassende Möbelforschung ist nach wie vor in der Lage, die historisch relevante Frage zu beantworten, unter welchen Existenz-, Arbeits- und Preisbedingungen die Werkstätten in der Region derartige Möbel, in der Regel nach gedruckten Vorlagen, für wen produzierten.

„Regionalisierbar“ ist das historische Möbel dieser Epoche bis zur Gegenwart aber auch aus der Perspektive der Möbelkonsumenten, wenn nach deren Informationsquellen (Bücher, Zeitschriften, Informationsreisen etc.), Wohnvorstellungen, Bauaktivitäten in Wohn- und Wirtschaftsräumen, nach deren Kaufkraft, sozialer Position und Leitbildausrichtung geforscht wird.

Das Möbel und die Möblierung der Räume sowie das Wohnen ländlicher Bevölkerungsschichten in der Biedermeier- und Gründerzeit (1815 - 1914) konnten dank einer neugewonnenen Quellengrundlage zum Thema eines besonderen Forschungsprogramms des Niedersächsischen Freilichtmuseums Cloppenburg gemacht werden. Als Mitarbeiterin dieses Schwerpunktprogramms konnte Frau Martina Forkel M.A. gewonnen werden, die sich bereits durch ihre Magisterarbeit (Die Werkstattbücher der Schreinerei Ruckdeschel in Wunsiedel ab 1874, Würzburg 1987) am Seminar für Volkskunde der Universität Würzburg unter der Betreuung von Prof. Dr. Wolfgang Brückner als Expertin des Historismusmöbels ausgewiesen hat. Ihr gilt auch unser Dank für die vorliegende Einführung in das komplexe Thema des Wohnens im „Stil“ des Historismus, ein erster Einstieg in das derzeit laufende Forschungsprogramm unseres Museums zur Regionalgeschichte des Wohnens im 19. und 20. Jahrhundert.

Besonderer Dank gebührt Herrn Prof. Dr. Wolfgang Brückner, mit dem wir 1986 in Würzburg gemeinsam ein Symposion zur kulturgeschichtlichen Möbelforschung veranstalteten, um neue Perspektiven für diese Forschungsrichtung zu gewinnen, und der dem Niedersächsischen Freilichtmuseum Cloppenburg für das neue Möbel- und Wohn-Forschungsprogramm aus „seiner Schule“ eine kenntnisreiche Wissenschaftlerin vermittelte.

Das Cloppenburger Museum und die Autorin Martina Forkel haben Herrn Prof. Dr. Wolfgang Brückner diese Publikation zum 60. Geburtstag in dankbarer Verbundenheit zugeeignet.

Helmut Ottenjann

Vorbemerkung zur historischen Situation

Das 19. Jahrhundert stellt sich als ausgesprochen heterogene Epoche in der Geschichte dar. Historische und kulturelle Ereignisse und Entwicklungen dieser Zeit sind Ergebnisse vernetzter, komplexer Strukturen. (1) Um 1850 befanden sich die europäischen Industrienationen und die Vereinigten Staaten von Amerika in einer Periode wirtschaftlichen Aufschwungs. In Deutschland nahm die Industrialisierung nach kleineren Anfängen in den vierziger Jahren Dimensionen an, die das Leben nicht nur wirtschaftlich, sondern auch sozial, politisch und kulturell veränderten. Wirtschaftlicher Aufschwung und technischer Fortschritt, die Expansion und Wandlung des Handels, der Ausbau des Verkehrswesens (Eisenbahn, Dampfschiffahrt, Telegraf, Telefon, Motorfahrzeuge, Organisation des Postwesens) und das Wachstum der Großstädte standen in enger Wechselbeziehung. (2)
Die entstehende Fabrikindustrie, die sich durch rationelle Arbeitsorganisation und den Einsatz von Maschinen auszeichnete, hatte die Steigerung der Arbeitsproduktivität und die erhöhte Rentabilität der Betriebe zur Folge. Umgekehrt ermöglichte die dadurch bedingte Kapitalbildung steigende Investitionen und tiefgreifende Neuerungen auf technischem Gebiet. (3) Im Bereich der Naturwissenschaften und der Technik häuften sich Entdeckungen und Erfindungen, die zu einem schnellen und radikalen Wandel der Umwelt führten: So erhielten Postkutschen, Pferdebahnen und Pferdeomnibusse Konkurrenz durch Eisenbahnen, das Gaslicht und die Petroleumlampe durch elektrisches Licht, die Kurierpost und Briefe durch Telegramme und Telefon. (4) Einen Höhepunkt erreichte diese Entwicklung mit der Konstituierung des Deutschen Reiches im Jahr 1871. Der sogenannte 'Gründerboom', der sich in einer Gründungswelle von Banken und Aktiengesellschaften sowie in Geld- und Bodenspekulationen von bisher nicht bekanntem Ausmaß zeigte, bot vielen die Möglichkeit des sozialen Aufstiegs. (5) Zum entscheidenden wirtschaftlichen Machtfaktor entwickelte sich das entstehende Großbürgertum, die Unternehmer in Industrie, Handel und Bankwesen – in der Regel soziale Aufsteiger aus dem Klein-und Mittelbürgertum. Nur selten gelang ihnen allerdings der Aufstieg zu politischer Macht, die zunächst weiterhin größtenteils in den Händen der Aristokratie lag. (6)
Die wirtschaftliche Macht der neuen Führungsschicht, der sogenannten 'Bourgeoisie', löste ein starkes Bedürfnis nach Selbstdarstellung in allen Lebensbereichen aus: 'Macht' sollte sich im Lebensstil manifestieren, den das Großbürgertum mit seinen immensen finanziellen Mitteln bestimmen konnte; 'Macht' brachte aber auch gesellschaftliche Verpflichtungen mit sich, die wiederum nur in einem bestimmten Rahmen wahrgenommen werden konnten. (7) Ausdruck dieser auf Selbstdarstellung und Repräsentation abzielenden Entwicklung war der Aufschwung der Bautätigkeit, waren die Villen, die Einfamilienreihenhäuser, die Mietshäuser der Städte und nicht zuletzt die Wohnkultur dieser Zeit, die Ausstattung der Wohnung, die Wohlhabenheit, Bildung und Geschmack zeigen sollte.

I. Forschung und Museen

Der Historismus prägte alle kulturellen Äußerungen des 19.Jahrhunderts. Historismus soll hier zunächst als Tendenz verstanden werden, sich auf schon Dagewesenes, auf Vorbilder früherer Zeiten und ferner Kulturen zu beziehen. (8)
Der Begriff Historismus wurde nicht von der Kunstwissenschaft für das 19.Jahrhundert eingeführt, sondern aus der Geschichtswissenschaft übernommen. (9) Die ersten Arbeiten zum Thema Historismus, die Untersuchungen von Ernst Troeltsch, Karl Heussi und Friedrich Meinecke erschienen um 1930. (10) Für Thomas Nipperdey und Herbert Schnädelbach, die, neben anderen, die Begriffsdiskussion in den sechziger Jahren erneut aufgriffen, zielt Historismus auf die Konzeption historischen Denkens an sich ab: Geschichte als Grundlage und Voraussetzung der Gegenwart. (11) Das Interesse an der Epoche des Historismus wandte sich nun von den geschichtswissenschaftlichen und kunstästhetischen Fragen den ökonomischen, sozialpolitischen, religiösen und ideellen Hintergründen der kulturellen Äußerungen dieser Zeit zu.
Erste Annäherungen an das Kunstgewerbe des Historismus fanden in Form von Ausstellungen statt. Das österreichische Museum für angewandte Kunst in Wien präsentierte anläßlich seiner Einhundertjahrfeier im Jahre 1964 „Kunstgewerbe des Historismus". (12) Die Gründung des *„K.K. österreichischen Museums für Kunst und Industrie"* war *1864* erfolgt, um *„... den vaterländischen Industriellen die Benützung der Hilfsmittel zu erleichtern, welche die Kunst und Wissenschaft für die Förderung der gewerblichen Tätigkeit und insbesondere für die Hebung des Geschmackes in so reichem Maße bieten ... "*. (13) Ziel der Wiener Ausstellung von 1964 war es, das kollektive Fehlurteil über die Zeit des Historismus *„im Sinne einer objektiven, historisch gerechten Bewertung zu berichtigen"* (14). 1973 folgten das Kunstgewerbemuseum in Berlin mit „Historismus. Kunsthandwerk und Industrie im Zeitalter der Weltausstellungen" (15), und 1977 das Museum für Kunst und Gewerbe in Hamburg mit dem Thema „Hohe Kunst zwischen Biedermeier und Jugendstil: Historismus in Hamburg und Norddeutschland" (16). Die Ausstellung „Aspekte der Gründerzeit" (17), die die Berliner Akademie der Künste 1974 veranstaltete, berücksichtigte das Kunstgewerbe als einen bedeutenden Blickpunkt jener Zeit. 1986 zeigte dann das Keramikmuseum Westerwald in Höhr-Grenzhausen „Westerwälder Steinzeug. Historismus-Jugendstil" (18), und 1987 stellten die staatlichen Kunstsammlungen Kassel unter dem Titel „Historismus. Angewandte Kunst im 19.Jahrhundert" (19) die Kasseler Historismussammlungen (Schmuck, Kleinplastik etc.) vor.
Im Zentrum dieser Ausstellungen standen überwiegend Einzelobjekte, herausragende kunstgewerbliche Erzeugnisse aus der zweiten Hälfte des 19.Jahrhunderts.
Die Ausstellung des Niedersächsischen Freilichtmuseums Cloppenburg „Wohnen im 'Stil' des Historismus" wurde dagegen im Rahmen eines Schwerpunktprogramms mit dem Ziel der Erforschung und Dokumentation einer regionalen Sozialgeschichte des Wohnens im 19.Jahrhundert erstellt.
Die Mitte des 19.Jahrhunderts markiert für viele Gebiete Niedersachsens, so auch für das Oldenburger Münsterland und den Hümmling, das Ende einer regional geprägten Sachkultur. Schon einige Jahrzehnte früher läßt sich diese Zäsur dagegen im Oldenburger Ammerland und im Osnabrücker Artland beobachten. (20) Um 1810, an der Wende zu einer neuen, 'aufgeklärten' Epoche, dem Übergang zu einer freiheitlicheren, bürgerlichen Gesellschaft veränderte sich die Wohn- bzw. Möbelkultur dieser Regionen maßgeblich.
Dieser Wandel der Sachkultur ist nur aus dem Zusammenwirken verschiedener Faktoren erklärbar: Die Entwicklung des Verlagswesens sorgte selbst in abgelegenen ländlichen Regionen für die Verbreitung neuer Informationsmedien wie Zeitung, Buch, Verkaufskatalog und Prospekt. Der Ausbau des Verkehrsnetzes, das verbesserte Wege-, Straßen-und Postsystem sowie das in der zweiten Hälfte des 19.Jahrhunderts gut ausgebaute Eisenbahnnetz

beschleunigten diesen Prozeß. Auch auf dem Lande waren Konsument und Produzent jetzt schneller und direkter erreichbar. Eine wichtige Rolle spielten im nordwestlichen Niedersachsen auch die Alphabetisierung breiter Bevölkerungsschichten (21) sowie die im Zuge der Aufklärung fortschreitende Literarisierung der ländlichen Ober- und Mittelschichten. (22)

Diese komplexen, ineinandergreifenden Prozesse konnten jedoch nur unter einer Voraussetzung zum Wandel der Wohn- bzw. Möbelkultur im Artland und im Ammerland führen: Entscheidend war die Bereitschaft der ländlichen Bevölkerungskreise, die nun nicht mehr in der Region nach überlieferten Techniken und Vorlagen hergestellten, sondern – zumindest teilweise – in entfernten Produktionszentren gefertigten Kulturgüter zu akzeptieren. Diese Aufgeschlossenheit der Landbevölkerung bewirkte die Ablösung des kleinregional geprägten Kulturgutes zugunsten einer überregionalen, nicht schichtgebunden Sachkultur.

Für viele Museen bedeutete das Einsetzen einer gewissermaßen 'entregionalisierten' Sachkultur, insbesondere die Verbreitung austauschbarer Möbelformen und Wohnmuster, das Ende ihrer Sammlungsbemühungen. (23) Die lange Zeit als *„Tiefstand des Wohnens in Stadt und Land“* (24) mißverstandene Wohnkultur des Historismus zu sammeln und zu dokumentieren stand außer Diskussion. Mit der allmählichen Annäherung an den Historismus und der Anerkennung des geschichtlichen Stellenwertes

Abb. 1 Sonderschau des Niedersächsischen Freilichtmuseums zum Thema *„Wohnkultur im Historismus“* im Rahmen der Antiquitäten-Tage '88 in Münster

dieser Epoche begann die Suche nach neuen Sammel-, Präsentations- und Interpretationsgrundsätzen für die historische Sachkultur der zweiten Hälfte des 19. Jahrhunderts. Von kunst- und kulturhistorischen Museen für frühere Epochen entwickelte Sammelstrategien greifen für die Zeit des Historismus nicht. Während das Auswahlprinzip für die Kulturgüter früherer Jahrhunderte schon durch den natürlichen Verlust vieler Objekte im Lauf der Geschichte vorstrukturiert war, ist die historische Sachkultur des 19. Jahrhunderts, bedingt durch die zeitliche Nähe zur Gegenwart, die industrielle Massenproduktion, aber auch den immensen Konsum dieser Objekte durch neue Käuferschichten in wesentlich größerer Zahl überliefert.
Ein sinnvolles Sammel- und Forschungskonzept für die Wohnkultur des Historismus bietet die erneute *„Regionalisierung“* des Mobiliars. (25) Regionalisierbar wird das Möbel des Historismus hinsichtlich des Konsumenten durch Fragen nach dem Wohnmuster und dem Wohnverhalten: Wie arrangierte man die Möbel im Raum? Waren Umbaumaßnahmen nötig, um die 'modernen', oft wuchtigen Raumensembles aufzustellen? Welche Teppiche, Tapeten, Lampen und Öfen wählte man aus? Wie wurden Fenster und Türen 'dekoriert'? Schmückte man die Wohnungen mit den in großer Vielfalt angebotenen Wohn-Accessoires wie Gipsbüsten, Statuetten, Bildern oder sogenannten Prachtbänden? (26) Bei welchen Gelegenheiten wurden die verschiedenen Räume benutzt? etc.
In Bezug auf den Produzenten kann das Mobiliar der zweiten Hälfte des 19.Jahrhunderts durch Fragen nach der Möbelproduktion in der Region regionalisiert werden: Wie sah die Werkstattproduktion einer Tischlerei in der zweiten Hälfte des 19.Jahrhunderts aus? Lassen sich Veränderungen, beispielsweise eine Zunahme der gefertigten Möbelmengen, feststellen? An welchen 'überregionalen' Vorlagen orientierte sich der Tischler? Wurden alle in der Werkstatt verkauften Möbel in der Tischlerei hergestellt, oder gab es Möbelstücke, die der Meister als 'Fertigteile' von Möbelfabriken bezog? Für welche Käuferschichten arbeitete die Tischlerei? etc.
Am Niedersächsischen Freilichtmuseum Cloppenburg werden im Rahmen eines Projektes zur Erforschung der regionalen Sozialgeschichte des Wohnens im 19.Jahrhundert seit einigen Jahren möglichst vollständige Raumausstattungen aus der Epoche des Historismus gesammelt.
Einen kleinen Ausschnitt seines Sammlungsbestandes präsentierte das Niedersächsische Freilichtmuseum im Februar 1988 anläßlich der 'Antiquitäten-Tage '88' in Münster. *(Abb.1)* Die Sonderschau zeigte Mobiliar aus der Zeit des Historismus, Objekte, die bisher vom Verkauf auf Antiquitätenmessen ausgeschlossen waren. Besucher und Händler sollten mit der Wohnkultur einer auch heute oft pauschal als 'stillos' und 'überladen' charakterisierten Epoche konfrontiert werden.
Eine Kurzbefragung von 448 Messebesuchern signalisiert interessante Trends hinsichtlich der Beurteilung des Mobiliars aus der Zeit des Historismus. *(Abb.2)*
Die Mehrheit der Befragten (83%) befürwortet die Ausstellung der Möbel dieser Epoche auf Antiquitätenmessen. Kommentare, die diese positive Haltung erläutern, fallen sehr unterschiedlich aus: Die Möbel der zweiten Hälfte des 19.Jahrhunderts werden als Ausdruck einer bestimmten Zeit gesehen, als ein Stück Kulturgeschichte, als wichtige Informationsquelle, als handwerklich oft hochwertige Produkte, als schöne Objekte, als Stücke mit Erinnerungswert, als eine Bereicherung des Marktes oder als Antiquitäten von morgen. 17% der Befragten lehnen diese Möbelpräsentation ab. Sie beurteilen die Stücke als stillos, als noch zu neu, noch ungeeignet, scheußlich, erdrückend, unpraktisch, als Kitsch und Massenware, die nur in Museen gezeigt oder auf Trödelmärkten verkauft werden sollte.
41% der befragten Personen besitzen selbst Möbel aus der Epoche des Historismus. Die nähere Betrachtung der drei Gruppen 'Befürworter' und 'Gegner' der Sonderschau sowie 'Eigentümer' machte folgende Korrelation der drei Größen deutlich: Von den Befürwortern der Ausstellung historistischer Möbel ist etwa die Hälfte (47%) selbst Eigentümer von Einrichtungsgegenständen aus der Zeit; von den Gegnern besitzen nur etwa ein Fünftel (18%) solche Möbel.
Die Frage nach dem Einrichtungsverhalten führte zu interessanten Ergebnissen: 78% der Eigentümer von Historismusmobiliar wohnen mit diesen Möbeln, meist Einzelstücken, die sie in ihre moderne Wohnungseinrichtung integrieren. Ein Kaufinteresse äußern immerhin 39% der befragten Besucher. Die überwältigende Mehrheit, nämlich 80% dieser Interessenten, möchte jedoch ausschließlich Einzelstücke erwerben; Interesse an Einzelstücken

und an kompletten Zimmereinrichtungen bekunden 10%, und immerhin 7% der potentiellen Käufer äußern den speziellen Wunsch nach einer kompletten Zimmereinrichtung.

Das große Besucherinteresse, das die Sonderschau des Museumsdorfes in Münster auslöste, bestärkte die Idee, das Thema 'Wohnkultur im Historismus' in Form einer einführenden Ausstellung einer breiteren Öffentlichkeit vorzustellen.

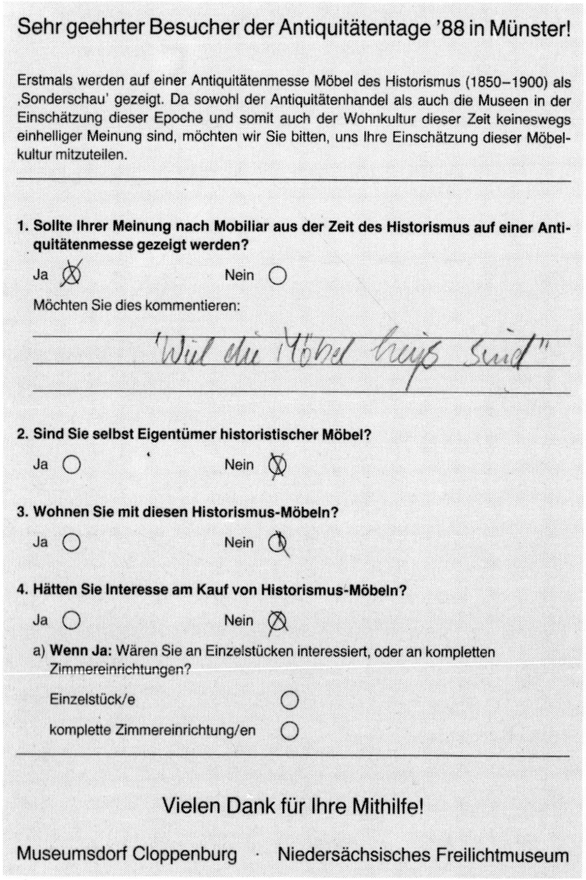

Sehr geehrter Besucher der Antiquitätentage '88 in Münster!

Erstmals werden auf einer Antiquitätenmesse Möbel des Historismus (1850–1900) als ‚Sonderschau' gezeigt. Da sowohl der Antiquitätenhandel als auch die Museen in der Einschätzung dieser Epoche und somit auch der Wohnkultur dieser Zeit keineswegs einhelliger Meinung sind, möchten wir Sie bitten, uns Ihre Einschätzung dieser Möbelkultur mitzuteilen.

1. Sollte Ihrer Meinung nach Mobiliar aus der Zeit des Historismus auf einer Antiquitätenmesse gezeigt werden?

Ja ☒ Nein ○

Möchten Sie dies kommentieren:

„Weil die Möbel heiß sind"

2. Sind Sie selbst Eigentümer historistischer Möbel?

Ja ○ Nein ☒

3. Wohnen Sie mit diesen Historismus-Möbeln?

Ja ○ Nein ☒

4. Hätten Sie Interesse am Kauf von Historismus-Möbeln?

Ja ○ Nein ☒

a) **Wenn Ja:** Wären Sie an Einzelstücken interessiert, oder an kompletten Zimmereinrichtungen?

Einzelstück/e ○

komplette Zimmereinrichtung/en ○

Vielen Dank für Ihre Mithilfe!

Museumsdorf Cloppenburg · Niedersächsisches Freilichtmuseum

Abb. 2 Fragebogen des Niedersächsischen Freilichtmuseums Museumsdorf Cloppenburg

Die Ausstellung des Niedersächsischen Freilichtmuseums Cloppenburg *„Wohnen im 'Stil' des Historismus"* gibt anhand von Beispielen aus dem Weser-Ems-Gebiet erste Einblicke in die gehobene Wohnkultur der Zeit um die Jahrhundertwende. Nicht die Präsentation einzelner, künstlerisch und handwerklich besonders herausragender Möbelstücke steht im Vordergrund, sondern die Darstellung von Wohnensembles, der Versuch, dem Phänomen 'Wohnen' näher zu kommen. Gezeigt wird ein Ausschnitt aus der Wohnkultur des Historismus: Das Wohnzimmer bzw. die 'gute Stube' wohlsituierter Familien aus dem städtischen und dem ländlichen Bereich. Die Ausstellung gibt zudem Einblicke in die heutige Wohnkultur: Beispiele einer Fotodokumentation des Museumsdorfes über eine ländliche Kleinregion in Nordwestniedersachsen zeigen, daß man auch in den achtziger Jahren des 20. Jahrhunderts mit nahezu kompletten Zimmereinrichtungen aus der Zeit des Historismus wohnt. Darüber hinaus werden erste Forschungsergebnisse zur Möbelproduktion, Möbeldistribution und zur Möbelkonsumption vorgestellt.

Sowohl die Erforschung der differenzierten Möglichkeiten von Möbelproduktion und Vertrieb als auch die Untersuchung des Entstehungsprozesses bevorzugter Stile sowie der Geschmackskonventionen und ihrer Verbreitung stehen jedoch erst am Anfang. Problembereiche können nur angeschnitten und zur Diskussion gestellt werden.

II. Historismus – „Stil" oder „stillose Stilhäufung"?

In der Kunstwissenschaft wurde Historismus bis in die siebziger Jahre des 20.Jahrhunderts überwiegend als rein formales Problem gesehen. (27)

Als Hauptindiz für den Historismus gilt das Sich-Zurück-Beziehen auf etwas Vergangenes, das Auswählen aus dem Formenvorrat der Kunstgeschichte. Kennzeichen der kulturellen Äußerungen dieser Zeit ist die nach- und nebeneinander verlaufende Wiederaufnahme von Formen und Motiven verschiedener Stilrichtungen. (28)

Die Beurteilung dieser Epoche ist häufig von subjektiven, ablehnenden Wertungen geprägt. Historismus wird oft mit Eklektizismus gleichgesetzt. Vor allem der zweiten Hälfte des 19.Jahrhunderts wirft man stilistische Uneinheitlichkeit und *„stillose Stilhäufung"* vor, während früheren Epochen ein einheitlicher Stil unterstellt wird. Das Charakteristische des Historismus liegt aber nicht allein im Rückgriff auf Stilformen der Vergangenheit, denn ein eklektizistisches Zurückgreifen auf frühere Epochen hat es in der abendländischen Kunstgeschichte immer gegeben. Für den Verlauf der Kunstgeschichte läßt sich eine ständig wechselnde Folge von klassischen und antiklassischen Stilen, eine periodisch wiederkehrende Aufnahme von Formen der Antike konstatieren (Renovatio, Restauratio, Renaissance, Klassizismus). Kann man aber diese klassizistischen Rezeptionswellen als Perioden des Historismus bezeichnen?

Der Kunsthistoriker *Wolfgang Götz* erweitert die Begriffsdefinition, indem er zwischen Eklektizismus und Historismus unterscheidet: Eklektizismus muß nicht unbedingt zum Historismus führen. *„Eklektizismus"* versteht Götz als künstlerische *„Methode"*, als Übernahme einer historischen Form, die nach ästhetischen Qualitätsstufen bewertet werden kann. *„Historismus"* begreift er dagegen als *„Gesinnung"*, die zwar feststellbar, aber hinsichtlich ihres ästhetischen Wertes nicht meßbar ist; die Auswahl der kunstgeschichtlichen Formen erfolgt primär aufgrund ihrer historischen Relevanz. (29)

Allein mit den Methoden der Stilbetrachtung ist also eine Annäherung an das 19.Jahrhundert nur sehr bedingt möglich. Für das Verständnis der Epoche ist vor allem die Erforschung der jeweiligen Gründe für die Wahl eines bestimmten historischen Vorbildes nötig. (30) Um die Ideen der Zeit besser zu begreifen, müssen der wirtschaftliche und soziale Wandel sowie die ideellen Hintergründe in einer zunehmend pluralistischer werdenden Gesellschaft berücksichtigt werden.

Das Interesse an der eigenen Geschichte trat im Historismus mit einer Deutlichkeit in Erscheinung, die in den vorangegangenen Jahrhunderten nicht vorhanden war. Hinter dieser Entwicklung stand der Verlust an Orientierung und Sicherheit, der schon an der Wende vom 18. zum 19.Jahrhundert mit den Auswirkungen der Französischen Revolution (1789) einsetzte. Die historische Perspektive der Zeit kann als Versuch der Standortbestimmung und als Suche nach Identität gesehen werden. (31) Deshalb müssen *„ikonologische"*, das heißt auf Sinngehalt oder Bedeutung eines Werkes abzielende Fragestellungen an die Stelle reiner Stilbetrachtungen treten (32): *„Entscheidend ist für die Werke des Historismus nicht die ästhetische Konformität, sondern die ideologische Angemessenheit; nicht die wiederholte Form, sondern die reaktivierte Geschichte, die sich in der wiederholten Form Ausdruck verleiht".* (33) Historismus ist demnach als bewußter und absichtsvoller Rückgriff auf die Geschichte zu verstehen, als 'Gesinnung', der sich das Kunstwerk letztendlich unterordnet.

Eine breite historische Bildung war daher eine entscheidende Voraussetzung für den Historismus. Parallel dazu lief die Ausbildung der historischen und der kunsthistorischen Wissenschaft; kunsttopographische Bestandsaufnahmen wurden erarbeitet und Kunstwerke vergangener Jahrhunderte gesammelt. Einen ersten Höhepunkt erreichten diese Entwicklungen Anfang des 19.Jahrhunderts zur Zeit der Romantik. (34) Den Historismus des 19.Jahrhunderts definiert *Nikolaus Pevsner* als *„endgültigen Historismus ..., bei dem es sich darum handelt, daß meh-*

Abb. 3 Bücherschrank, Biedermeier, Glastüren mit gotischen Stilelementen, Sachsen, um 1830/35 Leipzig, Museum des Kunsthandwerks

rere Stile als gleichwertig angesehen werden und schließlich alle Stile". (35)

Gleichzeitig gibt es jedoch eine geschichtliche Abfolge von Stilübernahmen verschiedener Vorbilder. Die sogenannten *„Neo-Stile"* lehnen sich an ein historisches Vorbild an, dem sie sich gleichsam verpflichtet fühlen. Die Rezeption der Vorbildstile erfolgt aber nicht streng chronologisch, sondern meist nebeneinander mit unterschiedlicher Intensität. (36)

Anzeichen für den Historismus sind bei der Möbelgestaltung in Deutschland gegen 1840 zu beobachten. (37) Der erste 'Stil' des Historismus, die *„Neo-Gotik"*, deren Anfänge bis ins 18.Jahrhundert zurückreichen, spielte vor allem als sogenanntes 'Rittermöbel' eine bedeutende Rolle für die Innenraumgestaltung von Schloßbauten. Das breite Publikum erreichte dieser Trend vor allem über die dekorativ mit gotischen Stilelementen bereicherten Möbel des Biedermeier. *(Abb.3,4)*

Um die Jahrhundertmitte entstand dem neogotischen Möbel Konkurrenz im „Zweiten Rokoko", ohne daß gotische Formen völlig verschwanden. In einer zweiten Welle von Schloßbauten wurde die „Neo-Gotik" seit den sechziger Jahren erneut aufgegriffen: Sie entwickelt sich dann zum bevorzugten Kirchenbaustil und erlebte im

Abb. 4 Bücherschrank, Neo-Gotik, Lübeck 1854 Lübeck, Museen für Kunst und Kulturgeschichte

letzten Jahrhundertdrittel im profanen Bereich eine Bedeutungssteigerung für bürgerliche Bauten und deren Ausstattung (Rathäuser), seltener für Privathäuser.
Nach 1840 trat das *„Zweite Rokoko"* neben die „Neo-Gotik" und blieb bis in die sechziger Jahre der vorherrschende Möbelstil. *(Abb.5)* Dieser 'Stil', der auf eine breite Palette von Möbeltypen zurückgreifen konnte, erfuhr besonders in bürgerlichen Kreisen eine weite Verbreitung. Im letzten Jahrhundertdrittel wurde das „Zweite Rokoko" von der *„Neo-Renaissance"* vorübergehend zurückgedrängt.
Nach ersten Rezeptionen um die Jahrhundertmitte entwickelte sich die „Neo-Renaissance" nach 1870 zum dominierenden Einrichtungsstil. *(Abb.6)* Hinter dieser Entwicklung stand ein immer stärker werdender Nationalismus; vor allem 'deutsch' sollte der 'wahre' Stil sein. Man suchte immer noch nach dem 'echten', dem 'wahren' Stil. Die Ursache für die Ergebnislosigkeit der Bemühungen um einen 'nationalen' Stil wurde in der Unkenntnis historischer Stilformen bei Künstlern und Handwerkern gesehen. Vorbildersammlungen und Kunstgewerbeschulen, die vor allem nach der Weltausstellung in London 1851 entstanden (38), sollten das nötige Wissen vermitteln. Seit der Reichsgründung im Jahr 1871 wurde die Renaissance als nationale, und angesichts der Gründerzeit mit dem wirtschaftlichen Erstarken des Bürgertums, auch als geistige und ökonomische Parallelerscheinung empfunden. Besonders im bürgerlichen Mittelstand konnte sich dieser Trend durchsetzen und über die Periode des Jugendstils hinaus halten.

Abb. 5 Sofa, Zweites Rokoko, Potsdam, um 1845/50
Potsdam, Schloß Sanssouci, Orangerie

Abb. 6 Büffet, Neo-Renaissance, Oldenburg, um 1880
Olehamm, Privatbesitz

Nachdem sich manche Rokoko-Phänomene neben der in den siebziger Jahren dominierenden „Neo-Renaissance" behaupten konnten, erfolgte seit der Mitte der achtziger Jahre eine neuerliche Auseinandersetzung mit Barock und Rokoko. Die Grenze zwischen *„Neo-Barock"* und *„Drittem Rokoko"* blieb fließend. *(Abb.7)*
In dieser Spätphase des Historismus waren die verschiedenen Stiltrends prinzipiell gleichberechtigt. *(Abb.8)* Die Wohnungen der Zeit boten ein Spiegelbild der Stilepochen der abendländischen Kunstgeschichte.
Die Wählbarkeit der Stile wurde im 19.Jahrhundert – wie in den vorangegangenen Jahrhunderten 'der Stil'- als

üblich, als normal empfunden. Der 'neue Stil', der „Stilpluralismus“, galt den Zeitgenossen als modern, als 'das Neue' in einer veränderten Gesellschaft. (39) Das Wiederaufgreifen kunsthistorischer Formen kann jedoch nicht mit dem bloßen Kopieren eines Vorbildes gleichgesetzt werden. Die oft zitierte Gleichung 'Historismus = sklavische Nachahmung' ist unhaltbar. Die getreue Nachbildung vorhandener Werke war in der zweiten Hälfte des 19. Jahrhunderts die Ausnahme. Das theoretische Programm des Historismus definierte die Kopie immer nur als Lern- und

Abb. 7 Büffet, Drittes Rokoko, Berlin, um 1884 Cloppenburg, Sammlung Museumsdorf Cloppenburg Niedersächsisches Freilichtmuseum

Bildungshilfe. (40) Durch das Studium der Vorbilder sollte etwas Neues, etwas Eigenes geschaffen werden. Im Historismus fand also eine Umsetzung und somit auch eine eigenständige Entwicklung der Neo-Stile statt. Designer und Hersteller kunstgewerblicher Erzeugnisse legten immer besonderen Wert darauf, daß sie Vorbilderformen zwar kannten, aber den zeitgemäßen Bedürfnissen entsprechend umwandelten. *1867* betonte auch *Julius Lessing*, der designierte Direktor des Deutschen Gewerbemuseums in Berlin, anläßlich einer Besprechung der Pariser Weltausstellung: *„Antike, Renaissance und Gotik sind uns unschätzbar als Vorbilder, aber eben auch nur als solche, um aus ihrem Studium heraus selbsttätig weiterzuschaffen.“* (41)
Die Weltausstellungen vermittelten bedeutende Impulse für die Entwicklung der sogenannten Kunstindustrie. Die erste Weltausstellung fand im Jahr 1851 auf Anregung des englischen Prinzgemahls Albert in London statt. Die Ausstellung für Industrie und Kunst war als 'Fest der Arbeit' gedacht, bei dem sich die Nationen der Welt friedlich begegnen und voneinander lernen sollten. (42) 17.000 Aussteller kamen im Londoner Kristallpalast zusammen, und mehr als sechs Millionen Menschen besichtigten die an 150 Tagen geöffnete Messe. Die Hauptausstellungskomplexe umfaßten neben den Bereichen 'Rohstoffe', 'Maschinen' und 'Fabrikate' die Abteilung 'Kunst und Kunsthandwerk'.
Die Neuheiten, die die Weltausstellungen boten, erreichten durch die Vermittlung der Medien eine breite Öffentlichkeit: Tageszeitungen, Fachzeitschriften und Gesellschaftsblätter brachten Berichte in Serienform, Zeitschriften druckten Sonderausgaben oder publizierten bebilderte Kataloge. Auch der Handwerker in der entlegenen ländlichen Region war über die neuesten Entwicklungen informiert, da Handwerkerorganisationen Delegationen sandten, die in den entsprechenden Fachblättern detaillierte Berichte veröffentlichten. Die Aussteller gaben ihr Bestes: Sie zeigten das Aufwendigste, Reichste und technisch Schwierigste in verschiedensten Stilen und Materialien. So präsentierte beispielsweise H.F.C. Rampendahl aus Hamburg im Jahr 1851 einen intarsierten, mit Tierdarstellungen geschmückten Sekretär, der einen Dianatempel mit Uhr als Aufsatz und einen bronzenen Hirschkopf als Knauf besaß, von einem echten Hirschgeweih bekrönt wurde und zudem mit Eberzähnen besetzt war. (43)

Abb. 8 Stilpluralismus um 1890
Die *„Deutsche Tischler-Zeitung"* lieferte Vorlagen für Möbel verschiedener Stilrichtungen
Bett im 'Stil' des Dritten Rokoko
„Deutsche Tischler-Zeitung" 18.Jg. (1891) Nr.45

Waschschrank, Tischchen und Uhr im 'Stil' der Neo-Renaissance
„Deutsche Tischler-Zeitung" 15.Jg. (1888) Nr.11

Obwohl schon Zeitgenossen die Arbeiten dieser Epoche kritisierten, ist der Historismus bis heute nicht verschwunden. *„Stilmöbel"* aller Jahrhunderte sind nach wie vor gefragt, und auch Rückgriffe auf Möbelformen und Möbeltypen des Historismus sind heute keine Seltenheit: Die Produktion von 'Kaffeehausstühlen' (Thonetstühle) läuft auf Hochtouren. *(Abb.9)*

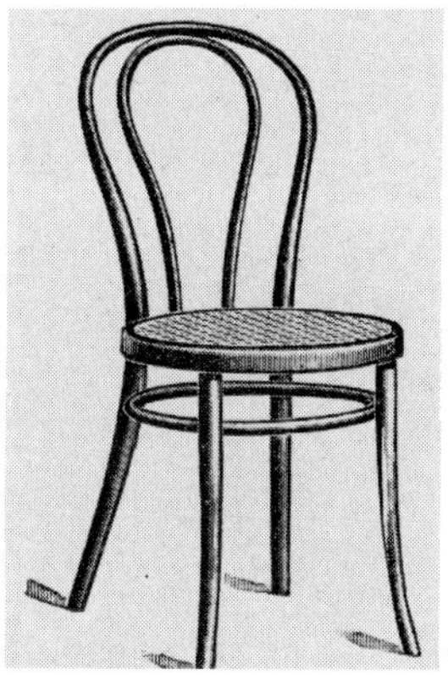
(a)

(b)

Abb. 9 Die Produktion von *„Kaffeehausstühlen".* Katalog der Firma Thonet (um 1900) (a) und Katalog der Firma IKEA (1988) (b)

III. Musterwohnung und Realität

„Schöner Wohnen“ um 1880

„Zum Wohnen gehören bestimmte traditionell und gewohnheitsmäßig geübte Verhaltensweisen, die Wohnbräuche; ebenso gehört der sinnvoll gestaltete Objektbereich dazu, darüber hinaus regeln Normen und Werte das Wohnverhalten ...“. (44)

Wohnweise und Wohnformen werden von der Gesellschaft vermittelt. Die jeweils führende Gesellschaftsschicht setzte und setzt Wohnmoden, die Leitbildfunktion besitzen. Wohnbedingungen und Wohnverhalten sind Spiegelbild der sozioökonomischen Verhältnisse, aber auch Ausdruck individueller Aktivitäten und Verhaltensmuster. (45)

Im Verlauf des 19.Jahrhunderts gewann der Wohnbereich für alle Klassen und Schichten einen höheren Stellenwert. Ein gesteigertes Repräsentationsbedürfnis – sowohl im öffentlichen Leben als auch im privaten Bereich – war eine Folgeerscheinung der wirtschaftlichen und gesellschaftlichen Veränderungen. Wie, aber auch wo man wohnte, wurde als bedeutender Teil des Sozialprestiges begriffen: Der soziale Status war abhängig von der näheren Umgebung, vom Wohnort oder Wohnviertel, von der Größe und dem Aussehen der Häuser und Wohnungen. (46) Auch die Ausstattung der Wohnung mußte repräsentativ sein. Da Komfort und üppige Lebenshaltung als Ausdruck von Vornehmheit galten, bot das Zuhause dem Besitzer eine sehr gute Möglichkeit zur Selbstdarstellung: In der Wohnung spielte sich das intensive gesellschaftliche Leben, die mannigfaltigen Besuchs- und Gegenbesuchsrituale ab. Eine möglichst aufwendige und 'geschmackvolle' Einrichtung sowie 'Kultur im Hause' – Klavier, Bücherschrank, Büsten von Goethe oder Bismarck – galten als Zeichen eines hohen Sozialprestiges. Dieser *„demonstrative Statuskonsum“* im Wohnbereich diente nicht nur zum Nachweis eines bestimmten Standards, sondern auch als Mittel zum sozialen Aufstieg. (47) Besonders der neue bürgerliche Mittelstand – die breite, aufstrebende Schicht des Kleinbürgertums – wollte seinen sozialen Aufstieg beweisen. Aufgrund seiner bescheidenen finanziellen Mittel stellte ihn die Erfüllung der geforderten Repräsentationspflichten aber vor große Schwierigkeiten. (48) Großzügig angelegte Wohnungen, die spezielle Räume für gesellschaftliche Veranstaltungen boten, kamen für die Angehörigen der Mittelschicht, die meist in Etagenwohnungen zur Miete wohnten, nicht in Frage. Für den äußerst selten genutzten Gesellschaftsraum wurde aber selbst bei knapper Wohnfläche stets das beste Zimmer 'geopfert'. Das 'Alltagswohnen' fand häufig in den kleinen, oft dunklen Hinterzimmern statt. *Julius Stinde* kritisierte diese Situation im Jahr *1884*: *„Die guten Stuben, die alle Jubeljahre einmal gebraucht werden, sind für den Mittelstand ein dummer Luxus. Die Familie murkst in den Hinterzimmern herum, um nach vorn heraus ein Möbelmagazin zu haben, das nur des Scheuerns und Reinemachens wegen da ist.“* (49) Auch die unteren sozialen Schichten waren bemüht, sich an diesen Wohn-Normen zu orientieren. Unabhängig vom sozialen Status beanspruchte die 'gute Stube' den besten, größten und hellsten Raum der Wohnung. In Haushalten, die neben dem Speiseraum und dem Herrenzimmer auch einen Salon besaßen, diente die 'gute Stube' bzw.das Wohnzimmer als gemeinsamer Aufenthaltsraum der Familie. In der Regel war die 'gute Stube' jedoch Prestigeobjekt, ein unbewohnter feierlicher Raum. (50)

Ehemalige Besitzer der gezeigten Wohnensembles *(vgl. Abb.16)* berichten zur Funktion der sogenannten *„kalten Pracht“*: *„Der Raum war meist abgesperrt, die Möbel mit Schonbezügen bedeckt. Benutzt wurde die gute Stube nur bei bestimmten festlichen Anlässen, oder wenn man besondere Gäste erwartete. Die Kinder ermahnte man zum Stillsitzen, zu äußerster Vorsicht im Umgang mit dem vornehmen Mobiliar.“* (51) *(Abb.10)*

Diese Schilderungen decken sich mit Beschreibungen von Zeitgenossen und anderen literarischen Quellen. (52)

Mögliche Auswirkungen des Repräsentationsbedürfnisses, des Strebens nach immer aufwendigeren, möglichst auffallenden und beeindruckenden Zimmerausstattungen, beschreibt *August Töpfer*, der Direktor des Gewerbemuseums in Bremen im Jahr *1900*: *„Hauptsächlich wird es aber auf den feinen Geschmack des Hausherrn, in manchen Fällen noch mehr der Hausfrau ankommen, welcher die Grenze bestimmt, wo dieser Zimmerschmuck zuweilen in diejenige malerische Unordnung und berechnete Genialität ausartet, die man gewöhnlich als Ateliergeschmack bezeichnet. Bei solchem Bestreben nach Augenblickseffekten, die zunächst nur auf die Überraschung der Besucher berechnet sind, kann ein ungestörtes behagliches Wohnen kaum mehr stattfinden, hat man doch stets besorgt zu sein, über irgend etwas zu stolpern, sich kaum auf einen Sitz ungefährdet niederlassen zu können und mindestens eine Vase umzustoßen oder eine scheinbar flott hingeworfene Faltendraperie in Unordnung zu bringen."* (53)

Töpfers Schilderung enthält einen wichtigen Hinweis: Die Ausstattung der Wohnung war immer weniger auf die Bedürfnisse der Bewohner ausgerichtet; in zunehmendem Maße wurde sie zur Hintergrunddekoration für ein jederzeit vorzeigbares Gesellschafts- und Familienleben. (54)

Für die Frauen der gehobenen Bürgerschicht war die Berufslosigkeit in der zweiten Hälfte des 19.Jahrhunderts ein Standesmerkmal. In Nachahmung aristokratischer Ver-

Abb. 10 'Gute Stube' eines wohlhabenden Haushaltes in Berlin, Berlin, um 1880

haltensweisen wollten der gehobene Bürgerstand, aber auch Familien, die in bescheideneren finanziellen Verhältnissen lebten, zeigen, daß die Frau Zeit für 'die schönen Dinge des Lebens' hatte: Ihr 'Beruf' bzw. ihre 'Bestimmung' in der guten bürgerlichen Gesellschaft war die der *„Herrscherin im Hause"*. (55) Dazu bemerkte *Franz Eberhardt* in seinem *„Handbuch für den Verkehr in der Familie, in der Gesellschaft und im öffentlichen Leben"* im Jahr *1882*: *„Auch in der Einfachheit wird sich der gute, wahrhaft gebildete Geschmack sofort erkennen lassen, und daß sich in Bezug auf das Aeußere der Zimmer, speciell auf das Ameublement und die Verzierung der Wände vornehmlich Geist und Herz der Herrin des Hauses verrathen, bedarf wohl kaum des besonderen Hinweises."* (56)

Im Sommer 1970 wurden im Rahmen einer Befragungsaktion zum Themenkomplex 'Wohnkultur und Wohnweisen' Aussagen zur Rolle von Mann und Frau im Familienhaushalt ermittelt. (57)

Die eindeutige Tendenz der Äußerungen überraschte. Übereinstimmend definierten Männer und Frauen die Beschäftigung mit Einrichtungsfragen als Domäne der Frau:

„Die Wohnung strahlt aus, was die Frau ist."
(Geschäftsfrau, 56 Jahre)
„Die Frau ist für die Gemütlichkeit in der Wohnung zuständig."
(Hausfrau, 37 Jahre)
„Wen interessieren Einrichtungsfragen nicht als Frau."
(Hausfrau, 59 Jahre)
„Die Wohnung ist Sache der Frau, mich interessiert das nicht."
(Krankenpfleger, 58 Jahre) (58)

Für die Wohnung und deren Gestaltung war und ist also auch heute in erster Linie die Frau zuständig.

Die Vermittlung von Wohnmustern

Beim Erwerb neuen Mobiliars bestand bis zur Mitte des 19.Jahrhunderts meist ein direkter Kontakt zwischen dem Konsumenten und dem Möbelproduzenten. Der Kunde informierte sich bei 'seinem' Tischler über die Möglichkeiten der Gestaltung des Mobiliars, besprach die Ausführung der Einrichtung und äußerte Sonderwünsche. In der zweiten Hälfte des 19.Jahrhunderts erfolgte dagegen die Vermittlung von Wohnmustern und neuen Wohnmoden auf verschiedenen Wegen:

- durch Prospekte und Kataloge der Waren- und Ausstattungshäuser (z.B. Prospekt der Firma Wellhausen, Hannover; Sonder-Katalog für Möbel der Kaufhäuser N. Israel, Berlin) *(Abb.11)*

- durch Vorlagewerke der Tischler, aus denen der Kunde bei Bestellungen 'sein' Möbel aussuchen konnte (z.B. August Graef: „Der Möbeltischler für das bürgerliche Wohnhaus in allen seinen Räumen. Vorlagen zu Möbeln für Wohn-, Speise- und Schlafzimmer, Gesellschafts- und Arbeitszimmer für Toilette, Garderobe, Vorsaal, Comptoir, Küche usw. in den modernsten und gangbarsten Formen." Weimar[2] 1882) *(Abb.12)*

- durch Zeitschriften für Frau und Familie (z.B. „Der Bazar. Illustrierte Damen=Zeitung") *(Abb.13)*

- durch Erziehungs- und Anleitungsbücher (z.B. Jacob Falke: „Die Kunst im Hause", Wien 1871; Henriette Davidis: „Die Hausfrau. Praktische Anleitung zur selbständigen und sparsamen Führung des Haushalts", Leipzig[3] 1865)

- durch Industrie- und Gewerbeausstellungen, Weltausstellungen und bebilderte Berichte über diese Ereignisse

- durch Ausstattungshäuser und Möbelmagazine, die fertig eingerichtete Zimmer ausstellten und verkauften. (z.B. „Möbel-Magazin der vereinigten Tischlermeister in Osnabrück, Bahnhofstraße 13", oder „Möbel-Magazin, Decorations-Geschäft und Teppich-Handlung, Magazin für Brautausstattungen J.H. Meyer, Bremen, Osterthorsteinweg 105") *(Abb.14)*

Abb. 11 Prospekt des *„Moebel-Fabrikanten & Dekorateurs"* Ed. Wellhausen aus Hannover, um 1900 (S.21–23) (Archiv Msdf. Clp.)

In den sämmtlichen Etagen der Ausstellungs-Gebäude 125 vollständig eingerichtete Zimmer in den einfachsten & den feinsten Ausführungen.

Hannover:
Goethestrasse No. 1B und Münzstrasse No. 1 u. 2.

Frankfurt, Hamburg, Bremen:
Vertretung.

Preis-Courante gratis; Musterbücher versende nicht, wohl aber werden solche von meinen Reisenden, welche permanent ausserhalb beschäftigt sind, auf Wunsch bereitwilligst vorgelegt. — Dagegen stehen ausführliche Kosten-Anschläge und Entwürfe resp. Zeichnungen gratis zur Verfügung.

Franco-Versand innerhalb Deutschlands mit 2% Aufschlag.

Ateliers
zur Anfertigung von Entwürfen für alle Zweige des Kunstgewerbes.

Infolge des durch die jetzt herrscheude Geschmacksrichtung bedingten häufigen Wechselns der Möbel-Façons siud die früher von mir ausgegebenen Preisbücher nicht mehr gültig. Ich habe mich deshalb entschlossen, von Zeit zu Zeit Preis-Courante vollständiger Einrichtungen, von den einfachsten bis hocheleganteston Ausführungen, auf diesem Wege zur Kenntniss des verehrlichen Publikums zu bringen.

Für Alles von mir Gelieferte, durchaus solide und reell Gefertigte habe ich den Preis aufs Billigste normirt, und leiste ich für die Haltbarkeit meiner Fabrikate langjährige, unbedingte Garantie.

Uebernahme von Decken- und Wand-Vertäfelungen, sowie Anfertigung von Parquetböden.

Uebernahme der Gesammt-Decoration von Innen-Räumen.

I. Abteilung.

Eingang Goethestrasse No. 1 B.

125

fertig eingerichtete Zimmer,

als:

Salons, Damen-, Herren-, Wohn-, Speise-, Trink-, Schlaf- u. Fremden-Zimmer etc. in den verschiedenen Stylen, wie: Deutsche, italienische und französische Renaissance und flandrisch.

Englische und deutsche Gothik.

Rococo.

Louis XVI., Empire, Henri II. und orientalisch.

II. Abteilung.

Eingang Münzstrasse No. 1.

Einzelne Möbel,

als: Buffets u. Credenzen, Servanten.

Zier-, Salon-, Speise- und Spieltische.

Herren- und Damenschreibtische.

Verticows.

Fantasie-, Salon-, Zier-, Bücher- und Bibliothekschränke.

Rohr-, Leder-, Fantasie-, Schreib- und Clavierstühle.

Sophas, Fauteuils u. Chaiselongues.

Säulen, Staffeleien, Truhen.

Bettstellen, Garderobe-, Wäsche- u. Spiegelschränke, Spiegel u. Waschtoiletten.

III. Abteilung.

Eingang Münzstrasse No. 2.

Kunst- u. kunstgewerbliche Erzeugnisse,

wie: Bronzen, Schmuck- u. Gebrauchs-Gegenstände.

Porzellan, Majoliken u. Terracotten.

Elfenbein, Lederschnitz-, Flecht- u. Kunstschmiede-Arbeiten.

Majolika-Oefen etc. etc.

Musterlager von Beleuchtungs-Körpern,

wie: Kronen, Lüstres, Ampeln etc. für Petroleum, Gas und Elektrizität jeden Styles, aus den bestrenommirtesten Fabriken.

Druck von Reinhold Strauss, Berlin W., Markgrafenstrasse 43/44.

IV. Abteilung.

Eingang Münzstrasse No. 2.

Grosses Lager in Möbelstoffen,

Plüschen, Decorationsstoffen, Gobelins, Tischdecken, sowie in Gardinen, Vitrages und Portièren.
Das Fach Portièren mit Franzen schon von 7,50 Mk. an.
Grossartige Collection in echten orientalischen und Smyrna-Teppichen, Brüsseler, Tournay-, Velvet-, Axminster- und Tapestry-Teppichen in grosser Auswahl.
Handgeknüpfte Smyrna-Teppiche das □m schon von 13 Mk. an.

Niederlage von Linoleum

in den verschiedensten Dessins.

V. Abteilung.

Eingang Münzstrasse No. 1.

Complete Bett-Einrichtungen.

Bettstellen: Nussbaum, Mahag. lackirt 15 und 18 Mk., Nussbaum oder Mahag. imitirt 20—26 Mk., echt Nussbaum oder Mahag. 35—50 Mk., hochelegante Modelle in Nussbaum, matt und blank von 60—180 Mk.
Kinder-Bettstellen: Nussbaum oder Mahag. lackirt 15,50 Mk., imit. 20—25 Mk., echt Nussbaum 32—45 Mk.
Eiserne Bettstellen: mit Bandeisenboden 6—9,50 Mk., mit doppelter Spiralfedermatratze 12—26 Mk., do. mit Holzfüllungen 21—36 Mk.
Kasernen-Bettstellen: zum Auseinanderstellen, ein- und zweischläferig 13—18 Mk.
Eiserne Kinderbettstellen: in 2 Grössen 11—30 Mk.
Matratzen sind in allen Grössen 1-, 2- und 3-teilig vorräthig. Anfertigung nach Maass in kürzester Zeit.
Matratzen mit Alpengras 6,50—9 Mk.
do. mit Indiafaser 10—18 Mk.
Indiafasermatratzen mit Krollhaarüberlage 26—40 Mk.
Pflanzendaunenmatratzen 42—55 Mk.
Krollhaarmatratzen 55—100 Mk., secunda.
do. 110—135 Mk., prima.
Wollmatratzen 65—95 Mk.
Sprungfedermatratzen mit prima Stahlfedern 15,50—20 Mk., 17—24,50 Mk., 20—35 Mk.
Keilkissen und **Kopfrollen** zu obigen Matratzen passend.

Feder-Betten.

Her rschaftsbett, prima super., mit damascirten Inletts, ausgestattet mit:

a.	2 Kopfkissen	(enth. 2 Pfd. beste rein weisse Schwanfedern)	à 15 Mk.	35 Pf.
b.	1 Deckbett	(„ 3½ „ „ „ „ Schwandaunen)	53 „	20 „
c.	1 Plumeau	(„ 2 „ „ „ „ do.)	31 „	— „
d.	1 Unterbett	(„ 7 „ weisse Schwanfedern)	47 „	— „
e.	1 Pfühl	(„ 3 „ „ do.)	19 „	50 „

Her rschaftsbett, prima, mit Inlett aus prima Daunenköper, ausgestattet mit:

a.	2 Kopfkissen	(enth. 2 Pfd. weisse Schwanfedern)	à 12 Mk.	— Pf.
b.	1 Deckbett	(„ 3½ „ „ Schwandaunen)	42 „	— „
c.	1 Plumeau	(„ 2 „ „ do.)	24 „	50 „
d.	1 Unterbett	(„ 7 „ Schwanfedern)	38 „	50 „
e.	1 Pfühl	(„ 3 „ do.)	16 „	50 „

He rrschaftsbett, secunda, mit Inlett aus Daunenköper (einfarbig, resp. einfarbig gestr.), ausgestattet mit:

a.	2 Kopfkissen	(enth. 2 Pfd. halbweisse Schwanfedern)	à 10 Mk.	70 Pf.
b.	1 Deckbett	(„ 3½ „ „ Schwandaunen)	32 „	50 „
c.	1 Plumeau	(„ 2 „ „ do.)	19 „	70 „
d.	1 Unterbett	(„ 7 „ „ Schwanfedern)	33 „	50 „
e.	1 Pfühl	(„ 3 „ „ do.)	14 „	50 „

Fremdenbett, mit Inlett aus grau und roth oder grau mit blau gestreiftem Daunenköper, ausgestattet mit:

a.	2 Kopfkissen	(enth. 2 Pfd. halbweisse Federn)	à 9 Mk.	— Pf.
b.	1 Deckbett	(„ 4 „ prima Halbdaunen)	27 „	80 „
c.	1 Plumeau	(„ 2½ „ „ do.)	17 „	25 „
d.	1 Unterbett	(„ 7 „ „ do.)	28 „	— „
e.	1 Pfühl	(„ 3½ „ „ do.)	13 „	25 „

Domestikenbett, mit Inlett aus grau mit roth, resp. grau mit blau gestreiftem Parchend, ausgestattet mit:

a.	1 Unterbett	(enth. 6 Pfd. halbweisse Federn)	18 Mk.	60 Pf.
b.	1 Pfühl	(„ 3 „ „ do.)	8 „	50 „
c.	1 Oberbett	(„ 5 „ „ do.)	19 „	50 „
d.	1 Kopfkissen	(„ 2 „ „ do.)	6 „	85 „

Tapeten in Leder, Japan, Velours, Lincrusta, Hand- u. Maschinendruck,

in den neuesten Dessins bei grösster Auswahl und mässiger Preisnotirung.

Einrichtung für Mark 1000.

Gutes Zimmer:

No.			Mark
262	1	überpolstert. Sopha } mit Granit- oder }	
263	2	„ Sessel } Fantasiestoff }	200,—
112	1	nussbaum Stegtisch mit 2 Säulen und nussb. pol. Füssen	30,—
118	1	„ Spiegel mit Consolschrank	81,—
119	1	„ Verticow mit Muschelaufsatz	72,—
198	4	„ polirte Rohrstühle	27,—
	2	Fach Tüllgardinen mit Leisten und Rosetten	15,—

Wohnzimmer:

No.			Mark
556	1	Sopha mit Fantasiestoff	70,—
481	1	nussbaum polirter Ausziehtisch mit 2 Zügen und Schubkasten	36,—
537	1	nussbaum Sophaspiegel	46,—
197	4	„ polirte Stühle, geschweift	24,—
534	1	„ Bücherschrank	75,—
190	1	„ polirter Nähtisch	15,—
	2	Fach Wollstoff-Gardinen mit Stangen u. Ringen	20,—

Schlafzimmer:

No.			Mark
411	2	lackirte Bettstellen mit hohem Haupt, 2 Sprungfedermatratzen u. 2 Keilkissen mit rothem Drellbezug	110,—
413	1	lackirter Waschtisch mit Marmorplatte	37,75
404	1	„ Nachtschrank mit Marmor	14,—
676	1	„ 2thüriger Wäsche- und Garderobenschrank	52,—
610	2	nussbaum polirte Stühle	9,—
609	1	„ Toilette	14,—
	2	Fach Tüllgardinen und Leisten	10,—

Küche:

No.			Mark
689	1	eichen lack. Küchenschrank	30,—
709	1	„ „ Küchentisch	10,—
708	1	„ „ Küchenstuhl	2,25
		Summa Mark	1000,—

Einrichtung für Mark 1500.

Salon:

No.			Mark
241	1	nussbaum Sopha } mit }	
240	2	„ Sessel } Mohair-Plüschbezug }	275,—
93	1	„ Salontisch mit nussb. pol. Füssen	39,—
119	1	„ Verticow mit cuivre poli-Beschl.	75,—
632	1	„ Trumeau mit Pilaster	110,—
613	4	„ polirte Rohrlehnstühle	48,—
488	1	„ Damenschreibtisch	52,—
	2	Fach Stoff- und Tüllgardinen mit Leisten	30,—
		Latus Mark	629,—

Wohn- und Speisezimmer:

No.			Mark
		Transport	629,—
346	1	zweiteiliger Klappdivan mit Fantasiestoff oder Bagdad-Taschen	130,—
108	1	nussbaum Spiegel mit Consolschrank	78,—
351	1	„ Buffet mit polirten Füllungen und Beschlägen	170,—
395	1	„ Patent-Ausziehetisch mit 3 Einlagen	62,—
197	6	„ polirte Rohrstühle	36,—
	2	Wollstoff-Gardinen mit Stangen und Ringen	40,—

Schlafzimmer:

No.			Mark
411	2	nussb. Bettstellen, 2 Sprungfedermatratzen u. 2 Keilkissen mit rothgestreiftem Drellbezug	140,—
413	1	nussbaum Waschtisch mit weisser Marmorplatte	42,—
403	1	„ Nachtschrank mit Marmor	20,—
536	1	„ Toilette	16,—
727	1	„ lackirter Kleiderschrank	32,—
727	1	„ „ Wäscheschrank	36,—
610	2	„ polirte Stühle	9,—
	2	Tüllgardinen mit Stangen	15,—

Küche:

No.			Mark
689	1	lackirter Küchenschrank	32,—
709	1	„ Küchentisch	10,—
708	1	„ Küchenstuhl	3,—
		Summa Mark	1500,—

Einrichtung für Mark 2000.

Salon:

No.			Mark
88	1	nussbaum Sopha } mit }	
89	2	„ Fauteuils } Velours-Golconda }	300,—
483	1	„ Salontisch mit Rollen	50,—
614	4	„ Stühle	56,—
109	1	„ Verticow mit Muschelaufsatz	92,—
632	1	„ Trumeau mit Pilaster	90,—
100	1	„ Damenschreibtisch	85,—
	2	Fach Tüllgardinen mit Stangen	20,—

Wohn- und Speisezimmer:

No.			Mark
448	1	3teiliger Klappdivan mit Wollfantasiestoff	100,—
393	1	nussbaum Ausziehetisch mit 3 Einlagen	65,—
615	6	„ Stühle	90,—
353	1	„ Buffet mit pol. Füllungen	210,—
224	1	„ Spiegel mit Consolschrank	100,—
355	1	polirter Servirtisch	17,—
	2	Wollstoff-Gardinen mit Stangen	40,—

Schlafzimmer:

No.			Mark
414	2	nussbaum Bettstellen	98,—
	2	Sprungfedermatratzen mit rothem Drellbezug	60,—
		Latus Mark	1473,—
		Transport	1473,—
404	2	nussbaum Nachttische mit Marmor	44,—
418	1	„ Waschtoilette	69,—
613	2	„ Stühle	30,—
440	1	„ Kleiderschrank	65,—
440	1	„ Wäscheschrank	72,—
	2	Tüllgardinen mit Leisten	15,—

Fremdenzimmer:

No.			Mark
409	2	nussbaum lackirte Bettstellen, 2 Matratzen mit 2 Keilkissen in Leinenbezug	78,—
610	2	nussbaum polirte Stühle	9,—
413	1	„ lackirter Waschtisch	17,—
727	1	„ „ Kleiderschrank	32,—
	1	„ „ Spiegel	4,—
	2	Tüllgardinen und Stangen	15,—

Küche:

No.			Mark
989	1	lackirter Küchenschrank	35,—
709	1	„ Küchentisch (besser)	12,—
708	2	„ Küchenstühle	5,—
707	1	„ Trittstuhl	9,—
	1	Domestikenbettstelle mit Matratze	16,—
		Summa Mark	2000,—

Einrichtung für Mark 3500.

Salon:

No.			Mark
88	1	nussbaum Sopha } mit Velours-Tasso und uni Mohair- }	
89	2	„ Fauteuils } Plüsch abgesetzt u. }	600,—
90	4	„ Polsterstühle } ff. Posamenten }	
85	1	„ Salontisch mit Stegverbindung	75,—
83	1	„ Verticow mit feinen Beschlägen	171,—
86	1	„ Trumeau m. Gallerie u. Muschelaufsatz	190,—
84	1	„ Damenschreibtisch	135,—
	2	Fach Fenster-Lambrequins mit Tüllgardinen und Stangen	80,—

Wohnzimmer:

No.			Mark
318	1	nussbaum Sopha mit Tournaydecken	200,—
626	4	„ Rohrlehnstühle	68,—
276	1	„ Sophatisch	78,—
297	1	„ Damenschreibtisch	82,—
95	1	„ Säulentrumeau	120,—
176	1	„ Stegnähtisch	35,—
699	1	„ Wiener Schaukelstuhl	32,—
	2	Fach Fenster-Stoffgardinen m. Stangen u. Ringen	50,—

Speisezimmer:

No.			Mark
352	1	eichen Buffet mit geschnitzten Füllungen	175,—
595	1	„ Paneelsopha mit Satteldecken	250,—
587	1	„ Sophaspiegel	41,—
		Latus Mark	2382,—

Einrichtung für Mark 14,000.

Salon:

No.		Mark
130	1 Sopha } in feinstem Seidendamast od. Velours de Gênes, mit Seidenplüsch abgesetzt und reichen Posamenten	
131	2 Fauteuils	1180,—
132	6 Demi-Faut.	
235	1 nussbaum Salontisch	95,—
19	1 „ Zierschrank	290,—
22	1 „ Trumeau mit Säulen	175,—
	2 Fach Uebergardinen von feinstem Satin de Gênes, mit bestem Seidenplüsch abgesetzt u. reichen Posamenten, incl. Haltern, Stangengarnituren etc.	360,—
	1 grosse Portière do.	190,—
	1 grosser Smyrna-Teppich	250,—

Damenzimmer:

No.		Mark
259	1 Sopha } in Seiden-Brocatell, m. Seidenplüsch abgesetzt und ff. Posamenten	575,—
260	2 Fauteuils	
155	2 nussbaum Fantasiestühle	88,—
20	1 Damenschreibtisch	150,—
	1 Fantasietischchen mit Seidenplüsch	57,—
	1 do.	33,—
63	1 Etagèrentischchen	40,—
661	2 nussbaum Säulen	80,—
	1 grosse Portière aus ff. Satin de Gênes u. reich. Posamenten	225,—
	1 Uebergardine do.	200,—
	1 Teppich (Axminster)	215,—

Wohnzimmer:

No.		Mark
301	1 3teil. Divan } mit feinst. Aubisson-Decken u. uni Mohair-Plüsch abgesetzt	425,—
303	2 kl. Fauteuils	
302	1 grosser Fauteuil mit do.	125,—
169	1 nussbaum Verticow mit f. Beschlägen	190,—
172	1 „ Trumeau mit Säulen	180,—
177	1 „ Arbeitstisch mit Einrichtung	85,—
	2 Fensterdecorationen von Diagonal mit reichen Posamenten	220,—
	1 Portière do.	140,—
	1 Teppich	120,—
	Latus Mark	5688,—

Herrenzimmer:

No.		Mark
	Transport	5688,—
315	1 nussbaum Herrenschreibtisch mit Aufsatz	314,—
320	1 „ Schreibfauteuil mit Satteldecken	95,—
317	1 „ Bücherschrank	294,—
359	1 „ Paneelsopha mit Spiegel u. schwerem Gobelin- oder Lederbezug	425,—
234	1 nussbaum Sophatisch	84,—
643	6 „ feine Lederstühle	240,—
433	1 Ottomane mit Emirdecken	225,—
302	1 Rothschildfauteuil mit Satteldecken	115,—
693	1 nussbaum Etagère	32,—
	2 Fach Uebergardinen v. Wollshawls m. Franzen, incl. Stangen, Ketten, Haltern etc.	140,—
	1 Teppich	150,—

Speisezimmer:

No.		Mark
399	1 eichen Buffet	500,—
384	1 „ Credenztisch	180,—
	1 „ Servirtisch	35,—
378	1 nussbaum Patent-Ausziehetisch mit 6 Einlagen	180,—
386	1 „ Paneelsopha	345,—
643	12 „ feine Lederstühle	480,—
	2 Fach Uebergardinen von Traversshawls mit Franzen, incl. allem Zubehör	200,—
	1 grosse Portière mit Franzen, incl. allem Zubehör	116,—
	1 grosser Teppich	180,—

Schlafzimmer:

No.		Mark
416	2 nussbaum Bettstellen in reicher Ausführung	340,—
	2 Sprungfedermatratzen mit ff. Damastdrell	80,—
	2 Rosshaarmatratzen aus ff. Haar	260,—
418	2 nussbaum Nachtschränke mit ff. weiss. Marmor.	84,—
415	1 nussbaum Waschtoilette mit do.	160,—
417	1 Damentoilette „Psyche“	270,—
433	1 Chaiselongue mit loser Decke	175,—
	Latus Mark	11,387,—

No.		Mark
	Transport	11,387,—
421	1 Pouff in Etaminé	45,—
419	2 nussbaum Handtuchhalter	18,—
	1 grosser Betthimmel von Etaminé mit reicher Decoration	225,—
	2 Fach Uebergardinen mit reicher Decoration	192,—

Fremdenzimmer:

No.		Mark
412	2 nussbaum Bettstellen	98,—
	2 Sprungfedermatratzen	60,—
	2 Rosshaarmatratzen	200,—
404	2 nussbaum Nachttische mit Marmor	44,—
463	1 „ Waschtoilette do.	125,—
622	3 „ Stühle	45,—
591	1 „ Garderobeschrank	190,—
	1 „ Wäscheschrank	210,—
	2 Fach helle Shawls und Franzen	90,—

Altdeutsche Küche (hell polirt):

No.		Mark
675	1 Küchenschrank mit Butzenscheiben	136,—
672	1 Küchentisch	36,—
668	2 Küchenschemel	24,—
707	1 Trittstuhl	16,—
671	1 Aufscheuerschrank mit 2 Zinkeinsätzen	115,—
674	1 Eimerschrank	40,—
	1 Eisschrank	78,—

Mädchenzimmer, Entrée und Schrankzimmer:

No.		Mark
411	1 nussbaum polirte Bettstelle mit Matratze	64,—
722	2 „ „ Stühle	9,—
730	1 „ lackirter Waschtisch	23,—
727	1 „ „ Schrank	32,—
719	1 „ polirter Tisch	26,—
	1 Spiegel	17,—
	1 eichen Corridor-Garderobe	190,—
591	1 nussbaum lackirter Kleiderschrank	125,—
	1 „ „ Wäscheschrank	140,—
	Summa Mark	14,000,—

An

Situations-Plan.

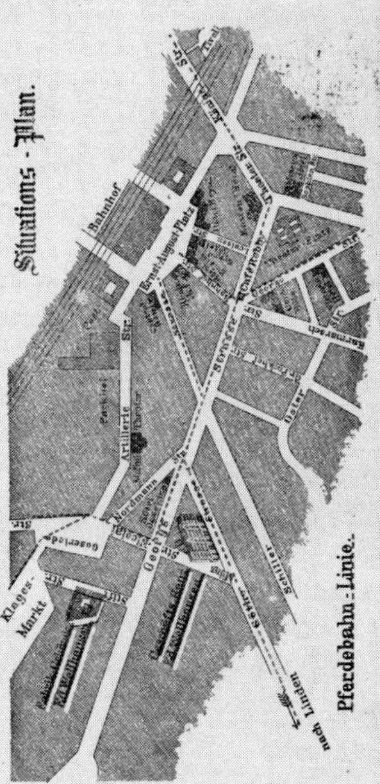

Pferdebahn-Linie.

Geschäftshaus und Fabrikgebäude der Firma Ed. Wellhausen sind roth gedruckt.

Der Bazar.
Illustrirte Damen-Zeitung

Für Herrenzimmer ist der Renaissancestil am modernsten und auch geeignetsten, er ist gediegen, farbenfroh ohne Koketterie und giebt sehr viel Gelegenheit zu hübschen Handarbeiten. Sessel, Teppiche, Tischchen mit gemalten, geätzten oder Intarsiaplatten, Schilder, Schüsseln, Reliefplatten, Majolikamalereien, genug, die verschiedensten Dinge geben Gelegenheit, zu dem schon vorhandenen Schmuck immer neuen hinzuzufügen.

Die sterilste Zeit für die deutsche Kunst und das Kunstgewerbe war die Zeit nach den Napoleonischen Kriegen, die sogenannte „Biedermeierzeit“, die völlig ideenarm war. Erst seit der Wiener Weltausstellung vom Jahre 1873 haben wir unsere Kraft und unser Können wieder zusammengefaßt, und an den neuen Fortschritten haben die Frauen, trotz der Unduldsamkeit, mit der man ihnen begegnete und sie häufig systematisch zurückdrängte, redlich geholfen. Kunst- und Gewerbeschulen blühten für sie empor, und die neuen Dekorationsschulen sind ein abermaliger Sieg, den sie zu verzeichnen haben. Der neubelebte Kunstsinn der Frauen wird auch fernerhin ersprießlich weiter wirken, wenn sie bei allem, was zum Schmuck ihres Hauses dient, immer ein wirkliches Kunstwerk zu schaffen bemüht sind, eingedenk der Worte Emanuel Geibels:

„Was ich vom Kunstwerke will? — Daß es schön und sich selber genug sei!
In dem einen Gesetz wohnen die übrigen all.“

Speisezimmer-Einrichtung.

Nachdruck verboten.

In Nr. 14 haben wir unseren Leserinnen eine kurze Uebersicht der jetzt herrschenden Stilarten in der Möbelindustrie gegeben und zur Probe ein modernes Bibliothekzimmer abgebildet; im Anschluß daran wollen wir heute eine moderne Eßzimmereinrichtung, gleichfalls im Stile der Frührenaissance, besprechen und einen Teil eines solchen Arrangements unseren Leserinnen bildlich veranschaulichen.

Unsere Illustration zeigt eine Einrichtung, wie sie im Hintergrunde eines Speisezimmers an der Wand arrangiert wird: einen Anrichtetisch, daran anschließend, gleichsam damit verbunden, eine Standuhr auf der einen Seite und auf der anderen einen Waschständer mit getriebener Kupferschale und Wasserbassin. Der an letzterem rechts seitlich angebrachte, schmiedeeiserne, verzierte Arm dient zum Aufhängen eines mit schön gezeichneten Arabesken gestickten Paradehandtuches. Die hohe Standuhr zeigt gleichfalls einen schmiedeeisernen oberen Aufsatz, der einen turmartigen Abschluß bildet. Die ganze freibleibende innere Wandfläche zwischen den hohen Seitenschränken ist mit stumpfrotem Tuch, etwas flaschengrüner Umrahmung ausgeschlagen und mit dunklen Metallgallons besetzt. Eine ausgesucht feine Tellerdekoration würde den Eindruck noch vervollständigen.

Elegante Sommertoiletten.

(Hierzu Titelbild S. 287.)

Obgleich die Mode die bunten Farben auffallend begünstigt, so vernachlässigt sie doch das schwarze Kleid nicht, nur fordert sie, daß es sich ihrem Farbenreichtum anschmiege, sei es auch nur durch einen Stehkragen und Gürtel, durch einige Rosetten und dergleichen. Nur wirklich alten Damen erläßt sie diesen Tribut, diese allein dürfen das schwarze Kleid ohne farbigen Schmuck tragen.

Ein sehr hübsches Ensemble bringt uns die Mode in dem Kleide Fig. 1, das aus schwarzem Seidenstoff, crêmefarbener, breiter Spitze und rubinrotem Sammet besteht. Aus dem letzteren ist der Stehkragen und der Gürtel gebildet. Den Rock des Kleides hat man in der Fächerform gearbeitet, für welche die Beilage des „Bazar“ Nr. 21 die Schnittübersicht brachte. Dem inneren Rande ist ein 12 Cent. breiter, schräger Volant gegengesetzt. Die glatte, schnebbenartig gearbeitete Taille ist mit einem Spitzenkragen ausgestattet, den ein Jettbörtchen verziert.

Fig. 2 ist aus blauer Voile gefertigt und mit crêmefarbener Spitze, sowie mit schwarzem Seidenband geschmückt. Die Taille ist vorn mit plissierter Seidengaze bedeckt und zeigt einen eckigen Ausschnitt, den ein 8 Cent. breiter Spitzeneinsatz begrenzt; die Enden desselben schließen hinten an den Schultern ebenso eckig ab wie vorn, und es befindet sich zwischen ihnen hinten am Nacken eine Rosette aus Seidenband. Vorn gehen von diesen Einsätzen je zwei Bänder bis zur vorderen Mitte des aus Seidenband gebildeten, hinten geschlossenen Gürtels hinab. Die vollen Puffen der halblangen Aermel sind wie die Taille mit Bandrosetten geschmückt; der glatte Rock ist vorn am Rande mit einem dreieckigen Teil versehen, den über blauer Seidengaze Guipüreeinsatz deckt. Rosetten aus Seidenband zieren die Winkel dieses Dreiecks.

Bezugquelle: Paris, Maison Joyeuse.

Gehen als Leibesübung.

Nachdruck verboten.

„Mach nicht so große Schritte, mein Kind! Das schickt sich nicht für ein Mädchen. Es sieht häßlich aus. Gewöhne dir einen zierlichen Gang an!“ So sprechen die Mütter oft zu ihren kleinen Töchtern, und der Appell an die liebe Eitelkeit bleibt nicht ungehört. Die Kleinen gewöhnen sich gar bald das zierliche Gehen, den kurzen Schritt an, trippeln umher und gehen, wenn sie älter geworden sind, im Promenadeschritt durchs Leben. Dem rüstigen Fußgänger ist diese Gangart verhaßt. Muß er einmal langsam dahinschlendernde Personen begleiten, so ermüdet er viel rascher als bei seinem gewohnten Marschtempo, und der Hygieniker muß ihm recht geben, wenn er das kleinschrittige Gehen in der frischen Luft verpönt.

Warum? wird wohl manche unserer Leserinnen erstaunt fragen. Der Beweis ist nicht schwer zu führen. Das Gehen wird heutzutage so eifrig als Leibesübung empfohlen, weil ein großer Teil der civilisierten Menschen zu einer andauernden Beschäftigung im Sitzen oder Stehen gezwungen ist. Nun ist eine solche Thätigkeit mit Nachteilen für die Gesundheit verbunden. Stehen wir, so wird die Verteilung des Blutes im Körper ungünstig. Infolge der Schwere entleeren sich die oberhalb des Herzens liegenden Blutadern leichter als die unterhalb desselben liegenden. Es tritt also in den unteren Teilen des Körpers eine Blutstockung ein, welche den Grund zu den bekannten Leiden, wie Krampfadern und Hämorrhoiden, legt. Beim Sitzen wird diese Blutverteilung noch ungünstiger, da die Adern vielfach geknickt werden.

Das Gehen ist nun geeignet, diese

Moderne Eßzimmer-Einrichtung.

Neue Bücher.

— „Deutsche Fürstinnen.“ Von Lily von Gizycki. Berlin, Gebr. Paetel. — Drei interessante Frauenporträts sind es, welche Lily von Gizycki in dem vorliegenden Buche mit feinem Verständnis schildert, zugleich in den weiteren Umrahmungen ein bedeutsames Stück deutscher Kultur- und Litteraturgeschichte entrollend. Zwei der gehaltvollen Essays behandeln die Prinzessin Karoline Luise von Weimar, Tochter Karl Augusts, und die Großfürstin Maria Paulowna, den „guten Genius von Weimar“. Infolge ihrer persönlichen Verbindungen standen der Verfasserin reiche briefliche und anderweitige Mitteilungen zur Verfügung, die in fesselnder und vielfach neuer Weise das Weimarer Leben und Treiben um die Wende des Jahrhunderts beleuchten.

„Frauenbrevier für Haus und Welt.“ 6. Aufl. Leipzig, K. F. Amelang. — Eine Auswahl der besten Stellen aus namhaften Schriftstellern über Frauenleben und Frauenbildung mit Illustrationen von K. Scheuren und Titelbild von A. Schrödter. Das prächtig ausgestattete Buch wird in allen töchterreichen Familien, in denen die Mädchen auf ihren künftigen Beruf als Gattin und Mutter durch Aussprüche unserer geistvollsten Män-

Abb. 13 Vorschlag für eine *„Moderne Eßzimmer-Einrichtung“, „Der Bazar. Illustrierte Damen=Zeitung“* 40.Jg. (1894), Nr. 26, S. 293

Abb. 12 Tischler-Vorlage für die Anfertigung von *„1 Waschtoilette, 1 Toilettentisch, 2 Nachtschränkchen“* (Graef 1882, Tafel XX.)

Abb. 14 Werbe-Visitenkarte des *„Möbel-Magazins J.H.Meyer“* aus Bremen, um 1880/1890

Die Musterwohnung

'Moderne' Wohnideen schildert im Jahre *1900 August Töpfer*, der Leiter des Bremer Gewerbemuseums: *„ ... so entspricht eine moderne Weise mehr der scheinbaren Zufälligkeit und einer absichtlichen malerischen Gruppirung. Die Wände bilden häufig nicht mehr den natürlichen Hintergrund für größere Möbel, sondern diese schaffen manchmal mit ihrer Rückseite selbst Zwischenwände, um eine Raumverteilung zu gewinnen; Stühle und andere kleinere Möbel stehen unregelmäßig verteilt und begünstigen oft den Eindruck einer für eiligen Umzug vorbereiteten Wohnung.“* (59) *(Abb.15)*

Der neue Wohngeschmack forderte also überraschende Raumkonstellationen und schöne Durchblicke, die durch Sichtbeziehungen zwischen Haupt- und Nebenräumen oder durch Erker- und Turmzimmer erreicht werden konnten; Säulenarchitekturen unterteilten Räume, stellten Sichthindernisse dar und ermöglichten neue perspektivische Einblicke. (60) Malerische Raumkomposition und Asymmetrie waren entscheidende Aspekte des ästhetischen Prinzips der Wohnraumgestaltung im Historismus. (61) Ein weiterer wichtiger Gesichtspunkt für die Gesamtwirkung der Wohnung war die *„Stimmung“* eines Raumes, die dem Besitzer ein Gefühl von Behaglichkeit vermitteln sollte. Verantwortlich für die Entstehung dieser Stimmung waren die Farbigkeit der Zimmer und die Lichtverhältnisse in den Räumen. Farbliche Einheit wurde bei der Wahl verschiedener Farbtöne für einen Raum durch die Beimischung von 'Braun' erreicht. (62) Welche Ausmaße diese 'altdeutsche Brauntonigkeit' annehmen konnte, schildert *Harry Graf Kessler 1882*: *„Bei Blümers war die gute Stube schwarz, und der Möbelbezug, da die Plüschzeit erst noch bevor stand, Rips, ein harter Wollstoff, der kaffeebraun gefärbt war. Die Tapeten, auf denen über dem Familiensofa Photographien von Verwandten schwarz gerahmt und die Sixtinische Madonna in Stahlstich hingen, waren ebenfalls kaffeebraun; und selbst die Spitzenvorhänge wurden nach jeder großen Wäsche mit Kaffee leicht getönt“.* (63)

Die Dämpfung des Lichts durch üppige Fensterdekorationen milderte Kontraste und sorgte für 'vornehmes Dämmerlicht'. Über weiße oder cremefarbene *„Tüll-Stores“*

wurden voluminöse, in dunklen Farben gehaltene Vorhänge aus schwerem Stoff gezogen. Je nach den finanziellen Möglichkeiten wählte man *„Wollstoff-Gardinen"* oder *„Uebergardinen von feinstem Satin de Gènes, mit bestem Seidenplüsch abgesetzt und reichen Posamenten"*. (64) Für Räume im 'Stil' der Neo-Renaissance empfahlen Einrichtungsratgeber auch 'altdeutsche' Butzenscheiben, die Vorhänge überflüssig machten und für eine gleichmäßige, gedämpfte Beleuchtung sorgten. (65)

Die *„bühnenhafte Inszenierung"* der Wohnung, häufiger Ansatzpunkt für die Kritiker der Wohnkultur dieser Epoche, war im Historismus also Ziel der Raumgestaltung.

Nach den Vorstellungen eines *„Wohn-Leitfadens"* aus dem Jahre 1880 sollte die bürgerliche Villa nahezu 20 Räume

Abb. 15 Malerische Raumkomposition; Londoner Salon, Louis-Quatorze, 1887

umfassen: Empfangs-, Schlaf-, Bade-, Speise-, Musik-, Studier-, Damen-, Wohn-, Herren-, Fremden-, Kinder- und Domestikenzimmer (=Dienstbotenzimmer), ferner Boudoir (=elegantes Zimmer der Dame), Jagdhalle, Salon, Musterküche, Vestibül (=Vorhalle) und Gartenterrasse. (66)

Die Realität sah anders aus: Die bürgerliche Wohnung bestand im Höchstfall aus etwa zehn Räumen. Vorherrschend war die funktional gegliederte Vier- oder Fünf-Zimmer-Etagenwohnung mit Wohn- und Speisezimmer, Salon, Herrenzimmer, Schlafzimmer und Küche. (67) Den Idealvorstellungen entsprach eine nicht nur nach Funktionen, sondern auch hinsichtlich der Form differenzierte Wohnung. Die formale Differenzierung erfolgte durch die Anwendung verschiedener historischer Stile. Bestimmte Wohnräume wurden mit speziellen Stilvorbildern in Verbindung gebracht. (68) Jeder Raum sollte in einem bestimmten 'Stil', mit einem vorgegebenen Ensemble ausgestattet werden. In den Wohnungen konnte man Anregungen fast jeder Stilepoche wiederfinden: Stilpluralismus auf engstem Raum! (69)

Die Ausstattung von Wohn- und Speisezimmer orientierte sich an der Renaissance. Für die Einrichtung des Salons wurden Barock oder Rokoko bevorzugt. Renaissance oder Gotik dominierten im Herrenzimmer oder der Bibliothek. Im Schlafzimmer wurde, vor allem etwa seit 1890, das dritte Rokoko zum Konkurrenten für die bis dahin vorherrschende Renaissance. Pompejanisch-klassizistische Vorbilder bestimmten die Gestaltung des Flurs. (70)

Für die Ausstattung der Zimmer mit kompletten Einrichtungen existierte eine Vielzahl von Anleitungsbüchern, die Möbeltypen und Möbelstile ebenso abhandelten, wie die Gestaltung von Wand oder Decke. Diese Einrichtungsratgeber wandten sich an den großen Kreis bürgerlicher Abnehmer, die die nötigen finanziellen Mittel besaßen, ihr Stadthaus oder ihre Mietswohnung der neuen Wohnmode entsprechend einzurichten.

Eine der bedeutendsten Publikationen zum Thema *„Interieur"* verfaßte *Jacob von Falke* im Jahr *1871*: *„Die Kunst im Hause"*. Falke selbst verstand seine Arbeit als *„geschichtlich und kritisch=ästhetische Studien über die Decoration und Ausstattung der Wohnung"*. (71) Er gab seinen Lesern einen Leitfaden für die geeignete Auswahl des Mobiliars und die Zusammenstellung der Wohnungseinrichtung an die Hand. Im Anschluß an eine *„Geschichte des Einrichtens"* seit der Antike schildert Falke im 9. Kapitel, *„Die Mobiliar-Ausstattung"*. Er erläutert Möglichkeiten zur Gestaltung bzw. Dekoration von Fußboden, Plafond (=Flachdecke), Wand, Tür und Fenster, bespricht die einzelnen Möbeltypen und geht dann näher auf die wichtigsten Räume einer Wohnung ein, für die er auch Möblierungsvorschläge macht:

„Das Speisezimmer", so Falke, *„verlangt eine durchaus ruhige Wand, denn das Interesse concentriert sich auf die Mitte, auf den Speisetisch und seine Gäste, wozu die Wand den Hintergrund bildet, wie der dunkle Grund für ein Portrait. Aus derselben Ursache ist ein einheitliches Licht nothwendig ... Von trefflicher Wirkung ... sind alte Portraits in dunklem Rahmen. Auch Stilleben, Frucht-und Blumenstücke, Jagd- und Thierstücke in der alten Weise gemalt, farbig und doch von trefflichem, gehaltenem Gesammtton sind für das Speisezimmer ein ganz vorzüglicher Schmuck. Der Charakter des Speisezimmers verlangt auch das Mobiliar prunklos oder wenigstens in einem ernsten Stil ornamentirt. Die Credenz ... bildet mit ihrem Schmuck das Hauptstück; das Uebrige beschränkt sich auf Tisch und Sessel, für welche letzteren die einfache Construction der späten Renaissance mit gerader Lehne durchaus angemessen ist. ... so dürfte der Charakter des Herrenzimmers, des Studien- und Bibliothekzimmers geradezu Einfachheit sein ... bequeme Sitze, gut construierte Schränke und Kasten von dunklem oder schwarzem Holze, ein farbiger Teppich, eine dunkle, ruhige Wand, dazu ein paar edle Kunstwerke, das scheinen die Erfordernisse zu sein, mit denen hier der Aesthetik genügt wird. Im Gegensatz dazu verlangt das Schlafzimmer eher eine heitere Decoration; sie darf nicht dunkel sein, aber ebensowenig licht ... In jedem Falle muß Ruhe herrschen, eine Ruhe, bei der angenehme Töne zu einer milden, dämmernden Harmonie, zu einer warmen Zwielichtstimmung zusammenfließen ... Dagegen mag man denn im Salon entfalten, was man an Glanz und Pracht, an elegantem Scheine zur Repräsentation des Hauses für nöthig hält. Der Salon ist die Stätte der Geselligkeit, die Stätte für den Verkehr der Familie mit der Außenwelt ... Der Salon ist in seiner Eigenthümlichkeit durchaus der Gegensatz des Speisezimmers. Hier die Concentration des Interesses, ... Dagegen liegt der Charakter des Salons gerade im Zerstreuten: die Gruppen zerstreut, die Möbel desgleichen, das Licht über den Raum*

hin an verschiedene Stellen vertheilt. So duldet auch die Scene selbst im Hintergrund Glanz und Pracht, die Wände können lebhafter und farbiger sein, der Plafond mag alle decorative Kunst entfalten. Auf Möbeln und Vorhängen ist die glänzende Seide am Platz, welche das Licht zurückstrahlt ... Kunstgegenstände aller Art, Statuen, Statuetten, Büsten in den Ecken und auf Consolen, moderne Bilder mit ihrem lebhafteren, bunteren Colorit, Prachtbände und Kupferwerke auf den Tischen, all das vermag in der glänzenden Mannigfaltigkeit seine Stelle zu finden ... Leere Tische, nackte Wände, kahle Flächen sind nirgends so unerträglich wie im Salon ... Die Möbel, ebenfalls zu Gruppen geordnet, seien so über den Raum hin vertheilt, daß sich Sammelpunkte zum Gespräche bilden ... Hier hört alle Einwirkung des Künstlers auf, und die Sache steht allein bei der Herrin des Salons.“ (72)
Die Ausführungen Jacob von Falkes vermitteln einen Einblick in die wichtigsten Grundsätze der idealen Einrichtung einer Wohnung in der zweiten Hälfte des 19.Jahrhunderts.

Einheitliche Wohnvorstellungen

Kennzeichen der idealen Wohnung des gehobenen Bürgertums war die Betonung der Gesellschaftsräume. Aber selbst einfache Leute legten großen Wert auf die 'gute Stube' bzw. den Salon. Die Orientierung an den Wohnmoden der führenden Gesellschaftsschicht beschränkte sich jedoch nicht auf die Repräsentationsräume; auch in bezug auf die Ausstattung von Schlafzimmer oder Küche besaßen die Wohnungen des Großbürgertums Vorbildcharakter. Einheitliche Vorstellungen von der idealen Wohnung, „Stereotypen des Wohnverhaltens“ (73) in allen Gesellschaftsschichten, in Stadt und Land, waren die Folge. Die industrielle Produktion kam dieser Konformität entgegen; sie bewirkte eine Senkung der Herstellungskosten und bot somit „einfachen Leuten“ die Möglichkeit, ein Abbild der „reichen Wohnung“ in minderer Qualität zu erwerben.

Die Angebote aus dem Prospekt des Möbelfabrikanten und Dekorateurs Ed. Wellhausen aus Hannover geben Beispiele für die übereinstimmenden Wohnvorstellungen: In der Abteilung für *„fertig eingerichtete Zimmer“* offeriert Wellhausen Wohnungsausstattungen von 1.000 Mark bis 14.000 Mark, abgestimmt auf die finanziellen Möglichkeiten seiner Kunden. *(vgl. Abb.11)* Diese Einrichtungsvorschläge unterscheiden sich nur

- in Art und Anzahl der angegebenen Wohnräume: Während z.B. die Ausstattung zu 1.000 Mark für eine Wohnung mit Wohnzimmer, gutem Zimmer, Schlafzimmer und Küche gedacht war, umfaßte das Angebot für 14.000 Mark Salon, Wohn-, Speise-, Herren-, Damen-, Schlaf-, Fremden-, Mädchenzimmer und Küche.

- in der Qualität der Ausführung des Mobiliars: vermögende Kunden konnten sich beispielsweise 'Nußbaum furnierte' Möbel leisten; mit geringeren finanziellen Mitteln kaufte man aus Weichholz gefertigte, mit einem Nußbaum imitierenden Anstrich versehene Einrichtungsgegenstände.

- in der Vielfalt der Produktpalette sowie in der Anzahl der offerierten Stücke: So nennt der Vorschlag für die Speisezimmereinrichtung der 8.500 Mark- Ausstattung *„eine Ottomane und 12 eichene Stühle“* (74); die Ausstattung für 3.500 Mark verzichtet auf die Ottomane und bietet nur *„sechs eichene Stühle“* an.

Die Kunden der Firma Wellhausen kamen nicht nur aus der Stadt Hannover, sondern vermutlich auch aus den ländlichen Gebieten. Im Jahr *1894* schreibt *August Graef*, der Verfasser mehrerer Vorlagewerke für Tischler: „ ..., *daß mit wenigen Ausnahmen auch die Landbewohner die Gewohnheit angenommen haben, sich einfach bürgerlich einzurichten, wenn es sich um Neuanschaffungen handelt.“* (75)
Ein Beispiel für die nahezu identischen Wohnvorstellungen der städtischen und der ländlichen Bevölkerung im Bereich der Gesellschaftsräume stellt die im 'Stil' der Neo-Renaissance gehaltene Stubeneinrichtung aus dem Artland (Ldkr. Osnabrück) dar *(Abb.16):*

Abb. 16 Einrichtung für die 'gute Stube', Neo-Renaissance, um 1897
Erster und letzter Standort: Hof im Artland (Ldkr. Osnabrück)
Sammlung Museumsdorf Cloppenburg Niedersächsisches Freilichtmuseum

Im Jahr 1897 beauftragte eine vermögende Bauernfamilie aus dem Artland die Tischlerei Renzenbrink in Quakenbrück mit der Herstellung des Neo-Renaissance-Ensembles als Brautausstattung. Im Hinblick auf den Erwerb des neuen Mobiliars berichtet die *Hofchronik*: *„Der Umbau der Wohnräume wurde im Herbst 1897 angefangen und vor dem Winter soweit gefördert, daß im Frühjahr 1898 nur mehr letzte Hand angelegt zu werden brauchte, am 28. April wurde dann die Hochzeit im großen Kreise gefeiert.“* (76)

Die Anschaffung des 'modernen' Mobiliars zog also Umbaumaßnahmen nach sich: Um die hohen Wandspiegel (3,10 m) in der Stube des Bauernhauses unterzubringen, mußte die Deckenhöhe von 2,40 m auf 3,60 m angehoben werden. Daß es sich bei dieser Veränderung des Wohnmusters in der ländlichen Region nicht um einen Einzelfall handelte, zeigen der Erwerb einer ähnlichen Hochzeitsausstattung und die entsprechenden Umbauten der Stube des Nachbarhofes. *(Abb.17,18)*
Die genannten Beispiele belegen den Wandel der Sachkultur auf dem Lande in der 2.Hälfte des 19.Jahrhunderts. Das Interesse am Kauf von Möbelensembles im 'Stil' der Neo-Renaissance, dem dominierenden Einrichtungstrend im letzten Drittel des 20.Jahrhunderts, zeigt die Aufgeschlossenheit der ländlichen Bevölkerung des nordwestlichen Niedersachsens für den herrschenden Zeitgeschmack: Auch in der Kleinregion orientierte man sich an überregional geprägten, 'städtischen' Wohnmoden. Prinzipiell wurden in Berlin und Quakenbrück nahezu identische Zimmereinrichtungen angeboten. Trotz der Austauschbarkeit der Möbelformen und Wohnmoden kann jedoch sowohl durch den Erwerb des Möbelensembles in der ländlichen Kleinstadt als auch durch die erforderlichen Umbauten der Wohnräume ein Bezug zur Region hergestellt werden.

Das komplette Zimmer

Zum Wohnen gehörte und gehört nicht nur die Einrichtung der Zimmer mit bestimmten Möbelensembles. Die Gestaltung von Fußboden, Wand und Decke, von Fenstern und Türen, die Dekoration der Räume mit Gardinen, Teppichen und Tapeten sowie eine Vielzahl von Wohn-Accessoires (Wandschmuck, Nippes, Gipsbüsten 'großer' Staatsmänner oder deutscher Klassiker, Eisbärfelle und Straußeneier, Stechpalme und Papyrus, Papageien und Kanarienvögel) bestimmten in der 2.Hälfte des 19.Jahrhunderts die dekorative Gesamterscheinung der Wohnung.
Die expandierende Einrichtungsindustrie, die sich an den Vorschlägen der *„Wohn-Ratgeber"* (z.B. Jacob von Falke oder Georg Hirth) orientierte, bot dem Konsumenten eine breite Auswahl von Artikeln zur Innendekoration. *(Abb.19,20,21)*
Beispielsweise beinhaltete jeder Ausstattungsvorschlag des Möbelfabrikanten und Dekorateurs Ed. Wellhausen aus Hannover auch Gardinen: Während bei der Einrichtung zu 1.000 Mark für das Wohnzimmer *„Wollstoff-Gardinen"* vorgesehen waren, umfaßte das Angebot für 8.500 Mark *„Fensterdecorationen von Satin, mit Velours-Egyptienne und reichen Posamenten"*; für 10.000 Mark erhielt der Kunde *„Gardinen von Fantasiestoff und Diagonal verbunden mit Posamenten"* sowie *„Stores"* und eine *„Portiere"* (=Türvorhang): Bei exklusiven Ausstattungen waren auch Teppiche (z.B. ein Smyrna-Teppich), Betthimmel, Bettvorlagen, Chaiselongue-Decken, 'orientalisch' gemusterte sogenannte Emirdecken für Ottomanen oder *„Shawls mit Fransen"* im Angebot inbegriffen. Neben *„fertig eingerichteten Zimmern"* und *„einzelnen Möbeln"* offerierte Wellhausen in einer dritten Abteilung *„Kunst und kunstgewerbliche Erzeugnisse"* wie Bronzen, Porzellan, Majoliken, Elfenbein und Lederschnitzarbeiten. In seinem *„Musterlager von Beleuchtungskörpern"* standen dem Kunden *„Kronen, Lüstres, Ampeln etc. für Petroleum, Gas und Elektrizität jeden Styles aus den bestrenommirtesten Fabriken"* zur Auswahl. Außerdem besaß der Innenausstatter ein großes Lager für Möbelstoffe (z.B. Plüsche, Dekorationsstoffe), Gobelins, Tischdecken, Teppiche (z.B. Brüsseler Teppiche, Velvet-Teppiche, orientalische Teppiche) und Tapeten *„in Leder, Japan, Velours"* oder *„Lincrusta"* (77) in Hand- und Maschinendruck mit den *„neuesten Dessins"*.
Die Ausstattung einer großbürgerlichen Stadtvilla im letzten Drittel des 19.Jahrhunderts schildert *Thomas Mann* in den *„Bekenntnissen des Hochstaplers Felix Krull"*: *„Trauliche Erkerplätze luden zum Sitzen ein und in einem davon stand ein wirkliches Spinnrad. Zahllose Kleinigkeiten: Nippes, Muscheln, Spiegelkästchen und Riechflakons waren auf Etageren und Plüschtischchen angeordnet; Daunenkissen in großer Anzahl, mit Seide oder vielfarbiger Handarbeit überzogen, waren überall auf Sofas und Ruhebetten verteilt ... die Gardinenträger waren Hellebarden ..."*. (78)

Auch die gutsituierte ländliche Bevölkerung legte großen Wert auf die dekorative Gesamtwirkung der Räume. Eine Nachfahrin des vermögenden Artländer Brautpaares, das im Jahre 1897 ein Möbelensemble in Quakenbrück erworben hatte *(vgl. Abb.16)* gibt eine anschauliche Schilderung vom tatsächlichen Aussehen der 'guten Stube' in den ersten Jahrzehnten des 20.Jahrhunderts (79) *(Abb.22)*:
Die Wände waren mit grün-gelben Rankentapeten beklebt, der Fußboden mit Teppichbahnen belegt, die ein gelblich-rostfarbenes Rankenmuster aufwiesen ... Durch die mit einer Samtportiere verschönte Tür trat man gleich vor einen klappbaren Serviertisch; auf ihm stand bei 'Visiten' [= Besuche] *die Dröppelminna* (80). *Über der Servante* [=Serviertisch] *war ein großer Pfauenstrauß* [=Strauß aus Pfauenfedern, sog. Markartstrauß] *an der Wand angebracht. Ein hoher Kachelofen mit Sims heizte das Zimmer. Daneben stand ein gepolsterter Lehnstuhl, der wie alle Stühle des Ensembles mit grünem Plüsch bezogen war. Zwischen den Fenstern hatte man hohe Spiegel mit Konsoltischchen aufgestellt. Vor den Fenstern hingen Grobtüllgardinen mit einem gewebten Rankenmuster, darüber waren grüne Samtgardinen*

Abb. 17 und 18 Einrichtung für die 'gute Stube', Neo-Renaissance, um 1890
Erster und letzter Standort: Hof im Artland (Ldkr. Osnabrück)
Privatbesitz (Foto: Archiv Msdf. Clp.)

Warenhaus A. Wertheim, Berlin W. 66. 113 **Abteil.: Teppiche, I. Stock.**

Läuferstoffe und Linoleum.

Jute-Läuferstoffe

in grosser Farben- und Musterauswahl. Breite 65 cm, Meter M. 0.45, 0.60, 0.75, 1.—
Breite 90 cm, Meter M. 0.85, 1.—, 1.10, 1.25

Velour-Läuferstoff

melierter Grund mit und ohne Bordüre.
Breite 69 cm, Meter . . M. 4.25
Breite 90 cm, Meter . . M. 5.50

Kokos-Läufer

Breite cm		67	90	125
Einfarbig ohne Bordüre	M.	0.95	1.25	1.80
Einfarbig mit Bordüre	M.	1 —	1.30	—
Zickzackmuster mit Bordüre . . .	M.	1.25	1.75	—

Breite cm	67	90	120	150
Einfarbig, rot, oliv . . . M.	1.95	2.65	4.—	5.—

Kokos-Einfassband.

Naturell . . . . Meter M. 0.10 | Bunt . . . . . Meter M. 0.15

Haargarn-Läuferstoffe.

Breite 67 cm, Meter M. 1.50 2.25
Breite 90 cm, Meter M. 3.—, 4.—

Tapestry-Läuferstoff

melierter Grund mit Bordüre.
Breite 69 cm, Meter . . M. 2.50
Breite 90 cm, Meter . . M. 3.50

Tournay-Läuferstoff

in allen Farbenstellungen.
Breite 69 cm, Meter . . M. 8.50

Colombo-Teppiche.

Kokosgewebe, zweifarbig, für Gartenzimmer.

Grösse 135/200 cm . . M. 13.50
Grösse 180/250 cm . . M. 20.—
Grösse 200/300 cm . . M. 26.50
Grösse 270/360 cm . . M. 40.—

Samoa-Teppiche.

Kokosart. Gewebe für Speise- und Herrenzimmer, buntfarbig

Grösse 140/200 cm . . M. 19.50
Grösse 170/240 cm . . M. 26.50
Grösse 200/300 cm . . M. 40.—
Grösse 250/350 cm . . M. 57.—
Grösse 300/400 cm . . M. 78.—

Von Läuferstoffen u. Linoleum werden Muster unberechnet u. portofrei versandt.

Bei Frostwetter ist der Versand von Linoleum nicht zu empfehlen.

Linoleum.

Br. 2 Mtr., einfarb., in 4 Stärken,
Meter M. 3.20, 4.20, 5.60, 6.80
bedruckt, in 4 Stärken,
Meter M. 3.40, 4.70, 6.50, 7.80

Linoleum-Läufer

einfarbig u. gemustert, mit Kante.
Breite 90 cm
Meter M. 1.55, 2.15
Breite 67 cm
Meter M. 0.90, 1.40

Abgepasste Linoleum-Vorlagen und Teppiche

in reicher Muster- und Farbenauswahl mit Kante.

Grösse 70/90 cm . . . M. 1.50
Grösse 70/90 cm . . . M. 2.—
Grösse 70/115 cm . . M. 2.25
Grösse 70/115 cm . . M. 3.—
Grösse 90/130 cm . . M. 3.25
Grösse 150/200 cm . . M. 7.75
Grösse 200/250 cm . . M. 13.50
Grösse 200/300 cm . . M. 15.75

Kork-Linoleum.

67 cm br., 4 mm stark, Mtr. 2.50
90 cm br., 4 mm stark, Mtr. 3.50
2 Mtr. br., 4 mm stark, Mtr. 6.75

Abb. 19 Auszug aus dem Katalogangebot des *Warenhauses A. Wertheim* in Berlin, 1903/04

Abb. 20 Muster für Fensterrollos, um 1890
Rollofabrik Strothmann, Vehrte bei Ostercappeln (Ldkr. Osnabrück)
Sammlung Museumsdorf Cloppenburg Niedersächsisches Freilichtmuseum

dekoriert. Tapeten, Gardinen und Teppich nahmen das Muster des Sofabezuges vermutlich in abgewandelter Form und Farbe wieder auf. Der geschnitzte Büffetschrank, der zur Aufbewahrung von Porzellan und Gläsern diente, füllte eine Ecke des Zimmers aus. Dann sah man auf einer schwarzen Holzsäule eine Figur aus Bronze (?). An der den Fenstern gegenüberliegenden Seite des Zimmers fand das Sofa mit Tisch und Sesseln seinen Platz. Normalerweise war der Tisch mit einer grünen Plüschdecke belegt, darauf kam noch eine große weiße Serviette, auf Spitze gelegt. Über dem Tisch hing ein Kronleuchter. Zu beiden Seiten des Sofas waren Gipsbüsten von 'Diana' und 'Apoll' auf kleinen Holzkonsolen an der Wand angebracht, und über dem Sofa befand sich ein großes Bild, 'Der Abendfrieden' – vermutlich ein Kupferstich."

An diesem Beispiel zeigt sich erneut, wie nahe die Wohnvorstellungen der städtischen und der ländlichen Bevölkerung beieinander lagen. Die Ermittlung der Bezugsquellen für die diversen Wohn-Accessoires - in diesem Fall vermutlich Waren- oder Ausstattungshäuser in Quakenbrück – ermöglicht die regionale Einbindung.

Andere historische Quellen zur Wohnkultur, Schilderungen von Zeitgenossen, alte Fotografien oder Briefe deuten darauf hin, daß sich in der zweiten Hälfte des 19.Jahrhunderts vor allem besser situierte Familien an Einrichtungsratgebern orientierten und vollständige Zimmereinrichtungen aus den Angeboten der Möbelkataloge und Ausstattungshäuser auswählten.

Unentbehrlich für eine komplette Raumdekoration war der Schmuck der Wände mit Bildern – mit Ölgemälden, Lithographien, Kupferstichen, Fotografien oder Öldrukken.

„Das Ölbild des bedeutenden Meisters im Prunksaal eines Fürsten schmückt als Ölfarbendruck die Zimmerwand des Arbeiterheimes. Ist auch die Mode die erste Veranlassung des Erwerbs ... bald kommt die Erkenntnis, der Genuß und mit diesem der Einfluß auf Geist und Gemüt!" (81) *(Abb.23, Abb. 24)*

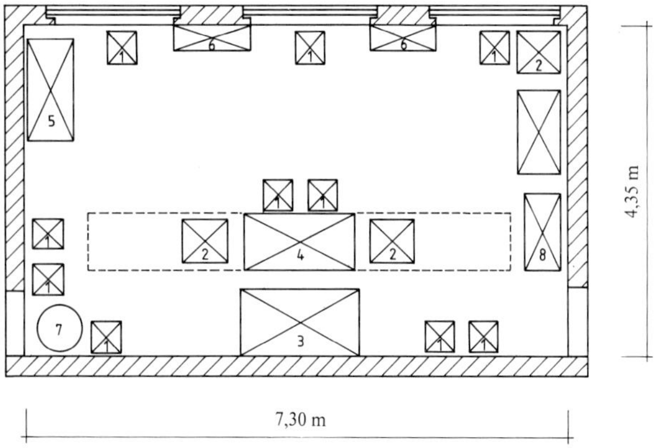

Abb. 22 Grundriß der 'guten Stube' und Arrangement der Möbel im Raum (Wohnsituation um 1930) Ensemble, Neo-Renaissance, Artland (Lkrs. Osnabrück), um 1897

1. Polsterstuhl
2. Lehnstuhl
3. Plüschsopha
4. Ausziehtisch
5. Büffet
6. Pfeilerspiegel mit Konsoltisch
7. Blumentisch
8. Serviertisch

Wandschmuck war in der zweiten Hälfte des 19.Jahrhunderts - bedingt durch die Entwicklung der Reproduktionsindustrie, die das preisgünstige Massenangebot von Bildern aller Art und Größe erst ermöglichte - in allen Bevölkerungskreisen weit verbreitet. Das Bürgertum sah in der *„schmückenden Zutat“* den Ausdruck von Wohlhabenheit, Bildung und Geschmack.

Auch im Wandschmuck spiegelt sich die funktionale Differenzierung der Wohnräume; bestimmte Motivgruppen waren verschiedenen Zimmern zugeordnet (82):

Im Salon, dem Repräsentationsraum der Wohnung mußte auch der Wandschmuck repräsentativ sein; man bevorzugte Ölgemälde mit Landschaftsdarstellungen oder Portraits. Genrebilder, Historienmalereien oder literarische Motive wurden als Reproduktionsstich, seltener als Litho-

Abb. 21 Eisengußofen, um 1880
Herkunft: Cloppenburg, altes Amtsgerichtsgebäude
Sammlung Museumsdorf Cloppenburg
Niedersächsisches Freilichtmuseum

Abb. 23 Wohnzimmer des Oberpostdirektors Lingnau in Lübeck um 1870, Foto um 1895
Lübeck, Museen für Kunst und Kulturgeschichte

graphie angeboten. Als Kombination zu bestimmten *„Styl-Zimmern“* empfahlen Kunstverlage Reproduktionen aus der jeweiligen Epoche: So annoncierte der Münchner Kunstverlag *Piloty & Loehle* passend zur Neo-Renaissance-Ausstattung *„unsere berühmten lithographischen Reproduktionen nach Meistern der Hochrenaissance“.*

Im Wohnzimmer dominierte das zeitgenösssische Genrebild, gefolgt von patriotischen Motiven und Reproduktionen der 'alten Meister' Raffael, Guido Reni oder Murillo. Das Speisezimmer sollte mit Bildern geschmückt sein, die Genuß und Vergnügen widerspiegelten: Jagdstücke, Stilleben mit Früchten oder Blumen, Darstellungen mit Musik- und Tanzszenen, Allegorien, Jahreszeiten oder humoristische Genreszenen. Neben Reproduktionsdrukken gab es auch geprägten Wandschmuck: Beispielsweise warb die *„Artistische Anstalt und Luxuspapierfabrik A.& C. Kaufmann“* in Berlin für *„gepreßte Bilder, natures, mortes en relief* [=Stilleben] *für Speisezimmer“.*

Im Herrenzimmer oder der Bibliothek bevorzugte man patriotische Darstellungen, nationale Ereignisse oder Portraits von Landesfürsten; aber auch antike Szenen, die auf den Bildungsstand des Hausherrn hinwiesen, fanden Platz. *1888* bemerkt der am Dresdner Kunstgewerbemuseum tätige Barockforscher *Cornelius Gurlitt* zur Dekora-

Abb. 24 Altes Ehepaar im Wohn- und Schlafraum, dessen Fenster unter einer Ladeluke liegt; in diesem dunklen Zimmer lebte das Ehepaar 28 Jahre. Berlin, 1909

tion des Herrenzimmers: *„Die Waffen, welche er als Soldat, als Jäger, als Student führte, die Wappen oder Farben der Vereinigungen, denen er sich anschloß, die Bilder der Männer, welche ihm Freunde, Vorbild oder Gegenstand der Verehrung sind, wie jener Frau, die ihm das Leben verschönt, die Nachbildungen der Meisterwerke jener Künste, welche ihn am tiefsten ergreifen, gute Bilder, Büsten, Statuetten seiner Wahl werden den Wandschmuck bilden.“* (83)

Für das Schlafzimmer kam um 1870 nur das religiöse Wandbild in Frage. Das Kruzifix über dem Bett wurde von Pendants, beispielsweise 'Mater dolorosa' und 'Ecce homo' gerahmt. Man konnte aber auch großformatige religiöse Motive wählen wie 'Der gute Hirte' oder 'Christus, sein Kreuz tragend'. 'Liebesträume' und 'Elfenreigen' gewannen erst zwischen 1910 und 1920 große Popularität.

Im Kinder- und Jugendzimmer waren Märchen- und Tierbilder beliebt, aber auch moralisierende, gefühlsbetonte Themen wie 'Der Schutzengel' oder 'Das Tischgebet'.

Den Flur schmückte der Haussegen oder ein Wandspruch, der meist als Brandmalerei, als Druck oder als Stickbild angeboten wurde.

Die Auswahl des Wandschmucks verdeutlicht vorgegebene Denk- und Verhaltensmuster. Eine Vielzahl oft aufwendig gerahmter Wandbilder und Fotografien hingen gemäß der gesellschaftlichen Norm *„Fülle = Wohlhabenheit“* dicht nebeneinander.

Historische Quellen zur Wohnkultur

Exemplarische Beispiele der Wohnkultur des Historismus, vollständige Raumausstattungen aus dieser Epoche, sind nur in wenigen Ausnahmen überliefert. (84)
Die Architektur, die Villa oder das Mietshaus der Zeit blieb häufig erhalten; gelegentlich auch die dekorative Bemalung sowie Zimmereinrichtungen in mehr oder weniger komplettem Zustand. Teppiche, Gardinen, Täfelungen, Tapeten und viele Wohn-Accessoires sind dagegen nur fragmentarisch vorhanden. (85)
Um ein vollständigeres Bild von der Wohnung bzw. der Wohnkultur des Historismus zu gewinnen, müssen daher möglichst alle zur Verfügung stehenden Quellen herangezogen werden: Sachobjekte (Raumensembles, Einzelmöbel, Wohn-Accessoires), private Archivalien (z.B. Werkstattarchive, Briefe, Rechnungen), öffentliche Archivalien (z.B. Akten des Bauamtes, Akten des Gewerbeamtes), Möbelkataloge, Werbeprospekte von Möbelfabriken oder Zulieferfirmen (z.B. Firmen für Halbfabrikate, Möbelbeschläge, Marmorplatten oder Spiegel), Einrichtungsratgeber, Tischler-Fachbücher, Vorlagewerke für Tischler, Möbel- und Dekorationsentwürfe, Fachzeitschriften, Romanwerke, Biografien, Reiseberichte, Fotografien und Gemälde.
Die Annäherung an die historische Realität ist nur durch einen komplexen Zugriff zur Kultur-, Wirtschafts- und Sozialgeschichte erreichbar, durch die Interpretation und Kombination überlieferter Zeugnisse.

Sachzeugnisse

Zum Beispiel: Komplette Zimmereinrichtungen

Die Wohnvorstellungen des Historismus waren von der Idee kompletter Raumausstattungen geprägt.
Überlieferte Raumensembles ermöglichen Aussagen über die Vielfalt der Möbelformen und Einrichtungsstile. Sie geben Hinweise auf Wohnmuster, zeigen, welche Möbeltypen und Neo-Stile für die Ausstattung bestimmter Zimmer vorgesehen waren. Materialien bzw. Holzarten, die für spezielle Räume bevorzugt wurden, die Verwendung von Halbfabrikaten, Herstellungstechniken, Handarbeit und Maschineneinsatz sowie Konstruktionsmöglichkeiten werden deutlich.
Wohn-Accessoires (Statuetten, Öfen, Wandschmuck, Prachtbände etc.) stellen wichtige ergänzende Quellen dar. Sie vervollständigten die 'Innendekoration' und vermitteln einen Eindruck von der Raumwirkung der Wohnung des Historismus.
Voraussetzung für den tatsächlichen Aussagewert zufällig erhaltener Historismus-Ensembles sind Hintergrundinformationen über Herstellungsort, Produzenten, Käufer, Kaufanlaß, Wohnmuster, eventuellen Besitzer- oder Funktionswechsel, Umzüge und eventuelle Neuaufstellung bzw. Neukombination der Möbel mit später erworbenen Einrichtungsgegenständen, wie sie im Fall eines Speisezimmerensembles im 'Stil' des Flämischen Barock erhalten sind.

Abb. 25 Eßzimmereinrichtung, 'Flämischer Barock', 1914
Erster und letzter Standort: Cloppenburg
Sammlung Museumsdorf Cloppenburg Niedersächsisches Freilichtmuseum

Beispiel: *„Die Einrichtung eines Eßzimmers im 'Stil' des 'Flämischen Barock' (1914)" (Abb.25)*

Im Jahr 1914 fertigte eine größere Tischlerwerkstatt in Greven bei Münster (Westfalen) Büffet, Ausziehtisch, vier Lederstühle und eine 'Blumensäule'. Die Ausführung erfolgte nach dem Vorbild niederländischer Barockmöbel in massivem Eichenholz. Mit den Schnitzarbeiten beauftragte der Betriebsinhaber einen Bildschnitzer in Münster. Die Standuhr, die erst in den 20er Jahren erworben wurde, unterscheidet sich von dem handwerklich qualitätvollen Speisezimmerensemble durch eine oberflächliche industrielle Fertigungsweise. Büffet, Ausziehtisch und Lederstühle waren ein Hochzeitsgeschenk des Grevener Tischlermeisters an seinen Sohn, der als Studienrat nach Cloppenburg zog.

In der Wohnung der Familie, die in den folgenden Jahrzehnten mehrmals wechselte, gingen Speisezimmer und Herrenzimmer stets ineinander über. Das Herrenzimmer diente als Bibliothek und Aufenthaltsraum des Hausherrn, übernahm aber gleichzeitig die Funktion der 'guten Stube'. (86)

Eine vergleichbare Speisezimmereinrichtung erwarb 1897 oder 1898 der Apothekenbesitzer Joseph R. anläßlich seiner Hochzeit mit der Tochter eines Bauunternehmers in Höxter (Westfalen). Im Nachlaß von R. fanden sich neben mehreren Möbeln des Ensembles, Grundriß und Höhenschnitt des Eßzimmers *(Abb.26)* sowie eine Aufstellung der ebenfalls in 'Eiche dunkel' ausgeführten Möbel (87):

„Speisezimmer flämisch.
Eiche dunkel.

1	*Büffet*		*715.-*	[Mark]
1	*Credenz*		*295.-*	
1	*Ausziehtisch mit 4 Zügen*		*155.-*	
12	*Lederstühle*	*à 27*	*324.-*	
1	*Büstenständer*		*50.-*	
1	*18/4 Axminster Teppich*		*126.-*	
4	*Fensterdekorationen aus bronce Titian*		*300.-*	
2	*Portiere aus bronce Titian*		*100.-*	
4	*Stores*	*à 13,50*	*54.-*	
4	*Rouleaux aus Cöper*	*à 7,50*	*30.-"*	
			2.149.-	Mark

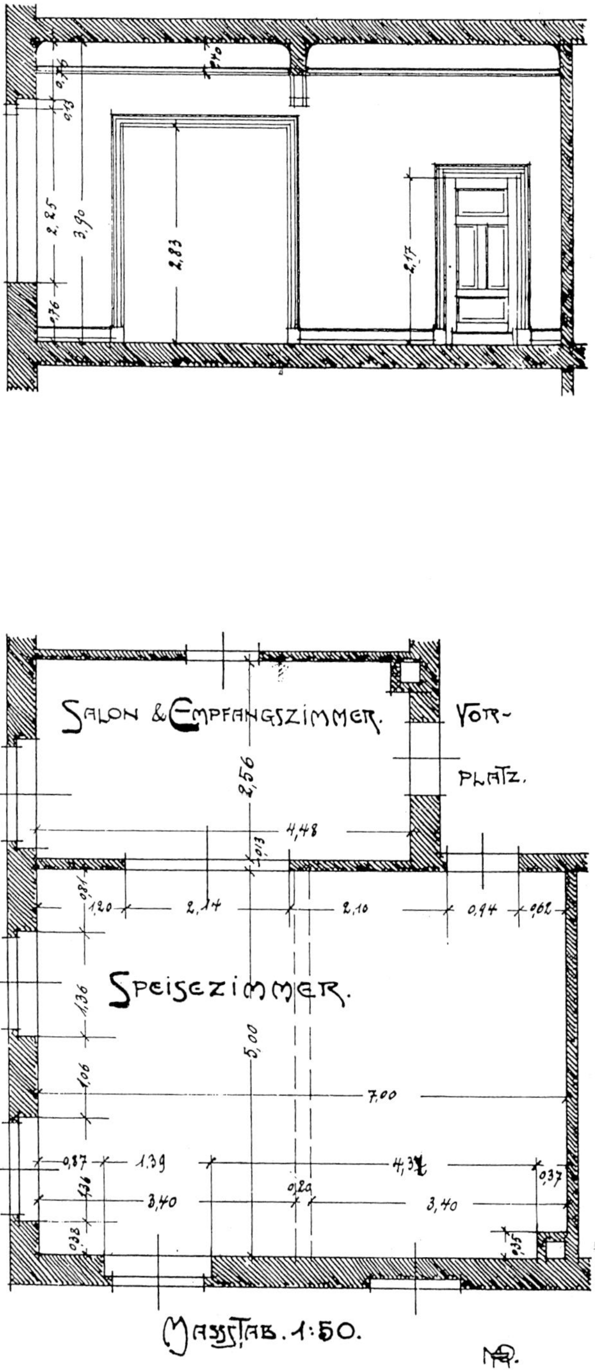

Abb. 26 Grundriß und Höhenschnitt von *„Salon & Empfangszimmer"* und Speisezimmer des Apothekers R., Höxter, um 1897/98

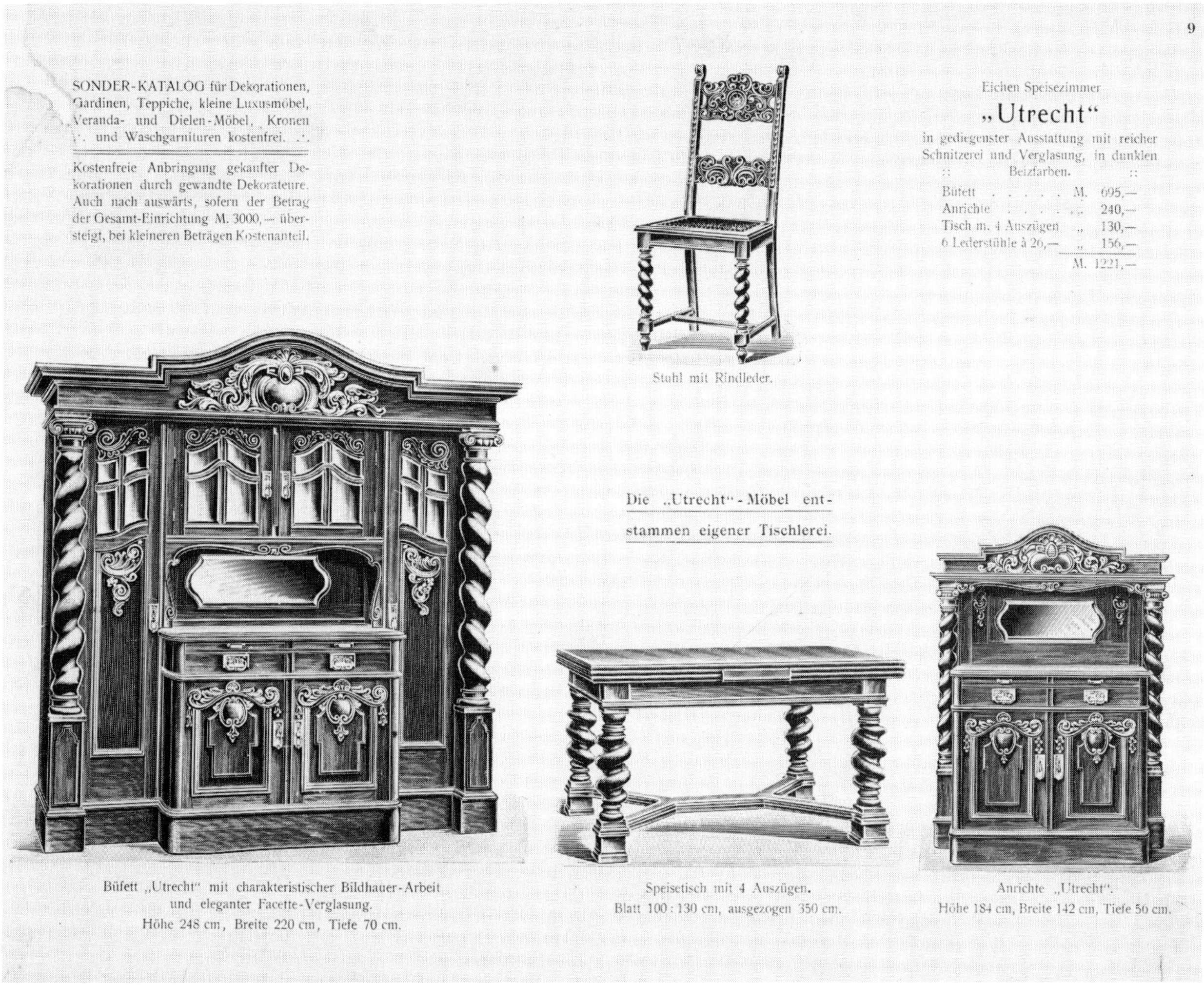

Abb. 27 *„Sonder-Katalog für Dekorationen, Gardinen, Teppiche, kleine Luxusmöbel, Veranda- und Dielen-Möbel, Kronen und Waschgarnituren“,* 'Eichen Speisezimmer Utrecht'
(Kopie: Archiv Msdf. Clp.)

Rechnungsaufstellung und Pläne bieten interessante ergänzende und vergleichende Informationen für die Interpretation des Neo-Barock-Ensembles aus Greven: R.s Auflistung macht deutlich, welche Preise um die Jahrhundertwende für massive Eichenholzmöbel im 'Stil' des 'Flämischen Barock' bezahlt werden mußten. Zur Standardausstattung eines Speisezimmers gehörten im Historismus vermutlich Büffet, Ausziehtisch, Lederstühle und Büstenständer bzw. Blumensäule. Außer dem Büffet kaufte R. eine kleinere 'Credenz', die auch in Möbelkatalogen häufig als Einrichtungsgegenstand für das Eßzimmer vorgeschlagen wird. *(Abb.27)* Grundriß und Höhenschnitt liefern Anhaltspunkte zum Größenverhältnis von Salon bzw. Empfangszimmer und Speisezimmer, zur Höhe der Räume und dem eventuellen Arrangement der Möbel. Die Angaben zur Gestaltung der Fenster und Türen und des Bodenbelages vermitteln einen Eindruck von der 'Innendekoration' des Speisezimmers. Besonders auf-

Abb. 28 Speisezimmerbüffet, 'Flämischer Barock', Höxter, um 1897/98
Privatbesitz

schlußreich ist die Überlieferung der Rechnung u n d einiger der dort verzeichneten Möbelstücke (z.B. des Büffets) *(Abb.28)*. Im Sinne einer kombinierten Quellenanalyse können Objekt und Dokument zusammengebracht und mit dem Ensemble aus Greven verglichen werden.

Welche Räume anläßlich einer Heirat mit neuem Mobiliar ausgestattet wurden und mit welchen Möbelstücken man sich einrichtete, läßt sich anhand einer anderen Quelle erschließen: Aus den Werkstattbüchern der Tischlereien.

Schriftzeugnisse

Zum Beispiel: Werkstattunterlagen der Tischlereibetriebe

Werkstattbücher oder Anschreibebücher, die im norddeutschen Raum bereits aus dem 18.Jahrhundert überliefert sind, vermitteln Einblicke in die Ergebnisse der Werkstattproduktion. (88)
Die Buchführungsbelege sind chronologisch geordnet oder nach Kundennamen gegliedert. Das 'normale' Kundenkonto gibt Auskunft über den Namen des Auftraggebers, meist auch über Beruf und Wohnort. Unter dem Datum der Fertigstellung eines Möbels wird der ausgeführte Auftrag mehr oder weniger detailliert geschildert: Der 'Schreiber' charakterisiert den produzierten Gegenstand nach Typ und Stückzahl. Eventuell nennt er die Holzart und die angewandte Arbeitstechnik, oder er liefert eine genauere Beschreibung des gefertigten Möbels. Neben jeder Bestellung vermerkt der Tischler den berechneten Preis. Zur besseren Übersicht enthalten die Bücher meist ein alphabetisches Personenregister.
Die Analyse der Tischler-Anschreibebücher ermöglicht Aussagen über die Möbelkonsumtion, die Möbelproduktion und die Möbeldistribution in der zweiten Hälfte des 19. Jahrhunderts: Werkstattbücher vermitteln Einblicke in das Absatzgebiet (89) und die Kundenstruktur der Tischlerei und zeigen Trends des Kaufverhaltens verschiedener Sozialgruppen. Kundeninvestitionen in verschiedene Wohnbereiche werden deutlich, die Haupteinnahmequellen der Möbelfabrikation kristallisieren sich heraus. Die Bücher geben Auskunft über Produktionsmengen, Möbeltypen, Brautausstattungen, Kindermöbel und Kinderspielzeug, über verwendete Holzarten und Arbeitstechniken. Preisangaben informieren über in der Region gültige Neuwertpreise, über differierende Preisspannen für bestimmte Möbeltypen und eventuelle Preisentwicklungen. Umsätze bzw. Umsatzanteile (Möbel- und Bautischlerei) und Umsatzentwicklungen können ermittelt werden; Produktionsausweitungen und -verringerungen zeichnen sich ab und setzen Signale für die wirtschaftliche Situation der Region. (90)

Die Fertigung von Brautausstattungen war für Tischlereien, deren Haupteinnahmequelle in der Produktion neuen Mobiliars bestand, ein lukratives Geschäft; sie stellten oft einen hohen Anteil am Gesamtumsatz des Betriebes.

Beispiel: *„Die Aufzeichnung von Brautausstattungen im Werkstattbuch der Tischlerei Stolle aus Oldenburg-Bürgerfelde (1900-1909)“*

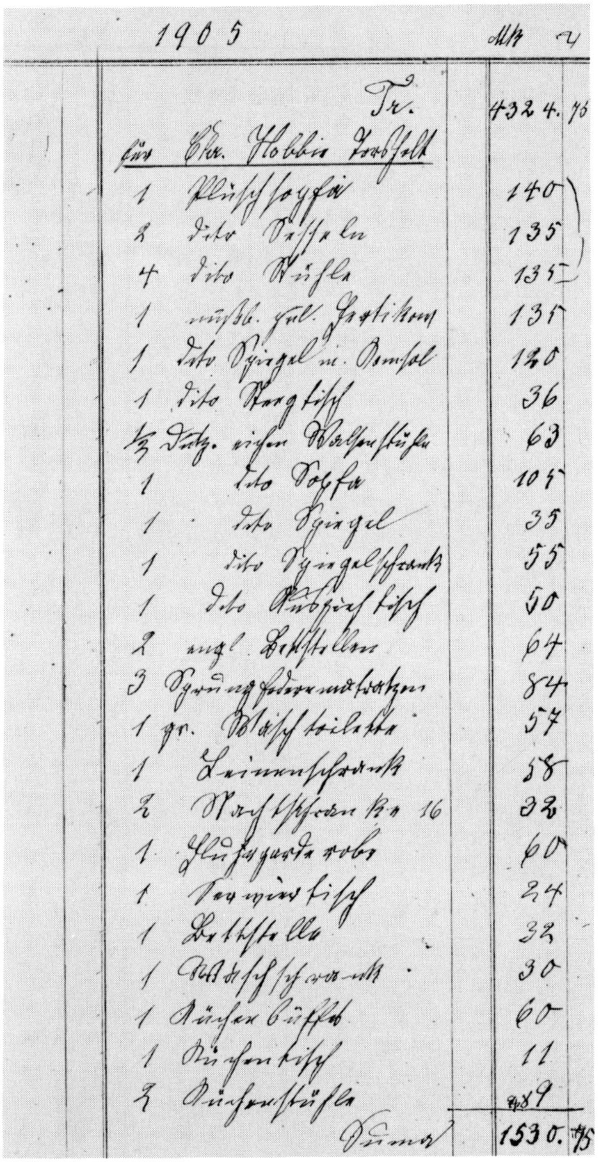

Wie und in welchem Umfang man sich in der Zeit des Historismus im Raum Oldenburg anläßlich einer Heirat mit neuem Mobiliar einrichten konnte, zeigen Auftragsbelege aus dem Werkstattbuch der Tischlerei Stolle. Je nach den Wünschen und den finanziellen Möglichkeiten der Kundin konnten Aussteueranfertigungen sowohl vollständige Einrichtungen für alle Wohnräume umfassen als auch nur wenige Möbelstücke, eventuell auch überarbeitetes älteres Mobiliar.

„für Cla. Hobbie Torsholt (1905)

			[Mark]
1	*Plüschsopha*		*140*
2	*dito Sesseln*		*135*
4	*dito Stühle*		*135*
1	*nußb. gel. Fertikow*		*135*
1	*dito Spiegel m. Konsol*		*120*
1	*dito Steegtisch*		*36*
1/2	*Dutz. eichen Walsenstühle*		*63*
1	*dito Sopha*		*105*
1	*dito Spiegel*		*35*
1	*dito Spiegelschrank*		*55*
1	*dito Ausziehtisch*		*50*
2	*engl. Bettstellen*		*64*
3	*Sprungfedernmatratzen*		*84*
1	*gr. Waschtoilette*		*57*
1	*Leinenschrank*		*58*
2	*Nachtschranke*	*16*	*32*
1	*Fluhrgarderobe*		*60*
1	*Serviertisch*		*24*
1	*Bettstelle*		*32*
1	*Waschschrank*		*30*
1	*Küchenbüffet*		*60*
1	*Küchentisch*		*11*
2	*Küchenstühle*		*9*
			Suma 1.530“

Abb. 29 Brautausstattung für Cla.Hobbie, 1905
Original (S.76) und Transkription
(Kopie: Archiv Msdf. Clp.)

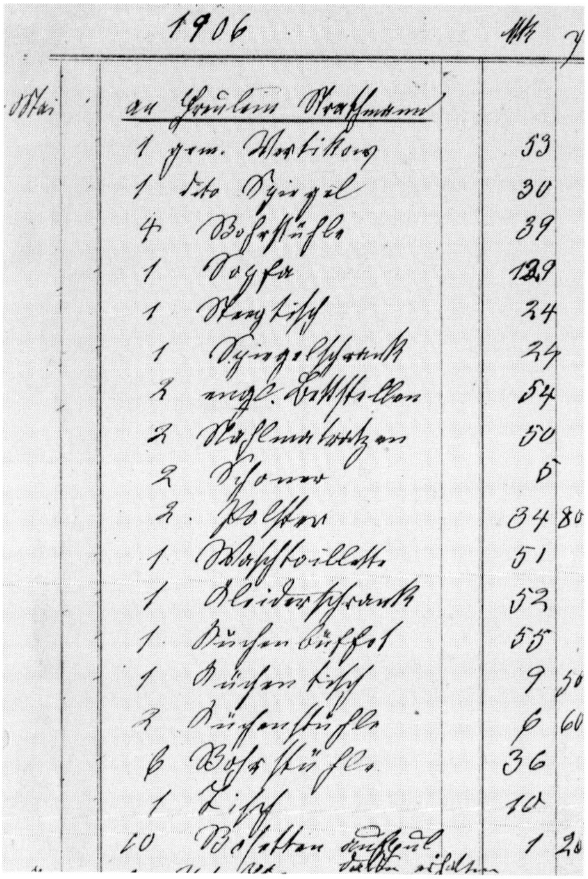

„an Freulein Strathmann (1906)

	[Mark]
1 gem. Vertikow	*53*
1 dito Spiegel	*30*
4 Rohrstühle	*39*
1 Sopha	*129*
1 Steegtisch	*24*
1 Spiegelschrank	*24*
2 engl. Bettstellen	*54*
2 Stahlmatratzen	*50*
2 Schoner	*5*
2 Polster	*34.80*
1 Waschtoillette	*51*
1 Kleiderschrank	*52*
1 Küchenbüffet	*55*
1 Küchentisch	*9.50*
2 Küchenstühle	*6.60*
6 Rohrstühle	*36*
1 Tisch	*10*
10 Rosetten aufgel.	*1.20*
erhalten“	(664.10)

Abb. 30 Brautausstattung für Frl.Strathmann, 1906 Original (S.58) (Kopie: Archiv Msdf. Clp.) und Transkription

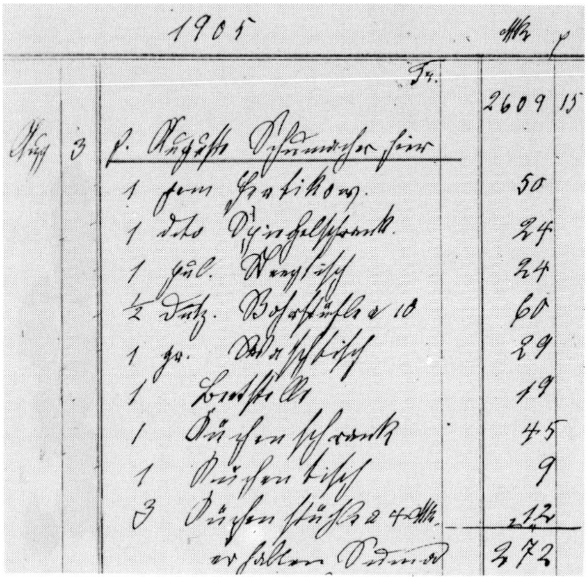

„f. Auguste Schuhmacher hier (1906)

	[Mark]
1 gem Fertikow	*50*
1 dito Spiegelschrank	*24*
1 gel. Steegtisch	*24*
1/2 Dutz. Rohrstühle a 10	*60*
1 gr. Waschtisch	*29*
1 Beetstelle	*19*
1 Küchenschrank	*45*
1 Küchentisch	*9*
3 Küchenstühle a 4 Mk.	*12*
erhalten Suma	*272“*

Abb. 31 Brautausstattung für A. Schuhmacher, 1905 Original (S.46) (Kopie: Archiv Msdf. Clp.) und Transkription

CLA. HOBBIE 1905		FRL. STRATHMANN 1906		AUGUSTE SCHUMACHER 1906	
WOHNZIMMER		WOHNZIMMER		WOHNZIMMER	
	[Reichsmark]		[Reichsmark]		[Reichsmark]
Plüschsopha	140.–	Sopha	129.–	----	
2 Plüschsessel	135.–	----		----	
4 Plüschstühle	135.–	4 Rohrstühle	39.–	6 Rohrstühle	60.–
1 nußb. Fertikow	135.–	1 gem. Vertikow	53.–	1 gem. Fertikow	50.–
1 dito Stegtisch	36.–	1 Stegtisch	24.–	1 gel. Stegtisch	24.–
----		1 gem. Spiegel	39,–	----	
----		Spiegelschrank	24.–	Spiegelschrank	24.–
ESSZIMMER		ESSZIMMER		ESSZIMMER	
eichen Sopha	105.–				
6 eichen Walzenstühle	63.–				
eichen Spiegel	35.–				
eichen Spiegelschrank	55.–				
eichen Ausziehtisch	50.–				
Serviertisch	24.–				
SCHLAFZIMMER		SCHLAFZIMMER		SCHLAFZIMMER	
2 engl. Bettstellen	64.–	2 engl. Bettstellen	54.–	1 Bettstelle	19.–
(3 Sprungfedermat.)	84.–	(2 Stahlmat., 2 Schoner, 2 Polster)	34,80	----	
1 gr. Waschtoilette	57.–	1 Waschtoilette	51.–	1 gr. Waschtisch	29.–
2 Nachtschränke	32.–	----		----	
1 Leinenschrank	58.–	1 Kleiderschrank	52.–	----	
KÜCHE		KÜCHE		KÜCHE	
1 Küchenbüffet	60.–	1 Küchenbüffet	55.–	1 Küchenschrank	45.–
1 Küchentisch	11.–	1 Küchentisch	9.50	1 Küchentisch	9.–
2 Küchenstühle	9.–	2 Küchenstühle	6.–	3 Küchenstühle	12.–
1 Flurgaderobe	60.–	1 Tisch	10.–	----	
1 Bettstelle	32.–	6 Rohrstühle	36.–		
1 Waschschrank	30.–				
Summe	1.530.–	–Summe	664.10	Summe	272.–

SYNOPSE DER BRAUTAUSSTATTUNGEN

Die Analyse der Brautausstattungen macht folgendes deutlich:

- Bestimmte Möbelstücke gehörten bei der Anfertigung einer Aussteuer zur Grundausstattung: Bestellte man eine Wohnzimmereinrichtung, durften beispielsweise (Rohr-)stühle nicht fehlen; Sessel waren dagegen exklusivere Möbel, die Tischler Stolle nur im Rahmen der aufwendigsten Brautausstattung lieferte.

- Eine spezielle Speisezimmereinrichtung war ein Luxus, den sich nur die Auftraggeberin der teuersten Aussteuer, Cla. Hobbie, leisten konnte. Für die beiden anderen Kundinnen diente das Wohnzimmer vermutlich gleichzeig als Speisezimmer.

- Bei einigen Möbeltypen gab es starke Preisspannen: Ein *„Nußbaum gel. Fertikow“* (Vertiko, Nußbaum furniert) kostete 135 Mark *„ein gem. Fertikow“* (Vertiko, gemalt) dagegen nur 50 Mark. (Vgl. auch *Abb.53*/Vertikos)

Der Vergleich der Produktion der Oldenburger Tischlerei Stolle mit dem Angebot des Möbelfabrikanten und Dekorateurs Ed. Wellhausen aus Hannover zeigt, daß sich eine für die Oldenburger Werkstatt verhältnismäßig teure Aussteuer im Gesamtwert von etwa 1.500 Mark nur im unteren Angebotsniveau der Firma Wellhausen bewegte. Allerdings investierten Kunden des Tischlers Stolle relativ hohe Beträge in die Anschaffung von Küchenmöbeln. Beispielsweise kostete bei Wellhausen ein Küchenschrank im Rahmen der Einrichtung für 8.500 Mark 65 Mark; das entsprechende Möbel fertigte Stolle bei einer Gesamtsumme von 1.530 Mark für 60 Mark:

Küchenmöbel der Brautausstattung für *„Cla.Hobbie, 1905“* (Werkstattbuch der Tischlerei Stolle, Oldenburg-Bürgerfelde, 1900-1909, S.76.)

	[Mark]
1 Küchenbüffet	*60.-*
1 Küchentisch	*11.-*
2 Küchenstühle	*9.-*

(Gesamtwert der Aussteuer: 1.530 Mark)

Küchenmöbel des Einrichtungsangebots des *„Moebel-Fabrikanten und Dekorateurs Wellhausen aus Hannover, um 1900“*

			[Mark]
1 lackirter Küchenschrank			*65.-*
1	”	*Küchentisch*	*14.-*
1	”	*Trittstuhl*	*9.-*
2	”	*Küchenschemel*	*12.-*
1	”	*Aufscheuerschrank mit Zinkeinsatz*	*65.-*
1		*Eimerschrank*	*10.-*

(Gesamtwert der Aussteuer: 8.500 Mark)

Bildzeugnisse
Zum Beispiel: Fotografien

Fotografien liefern als Quellenmaterial zuverlässige Informationen zur tatsächlichen Anordnung des Mobiliars im Raum. Sie zeigen die selten überlieferten Teppiche, Gardinen und Tapeten sowie das Arrangement der Pflanzen, des Wandschmucks, der aufgestellten Fotografien, der Gipsbüsten, der Kissen und Deckchen etc. Aber auch Fotos sind keine direkten Abbilder der Wohnrealität. In der zweiten Hälfte des 19.Jahrhunderts wurden gewöhnlich nur bei speziellen festlichen Anlässen oder großen Einladungen Aufnahmen gemacht (z.B. Hochzeiten, Kindtaufen oder Jubiläen); sie spiegeln also nicht den Wohnalltag, sondern zeigen vermutlich einen 'auf Hochglanz' gebrachten und besonders 'dekorierten' Raum. Die überwiegende Zahl der erhaltenen Wohnraumfotografien gibt einen Einblick in Wohn- oder Speisezimmer, eventuell in den Salon oder das Herrenzimmer. Dagegen sind

Abb. 32 Familie in der 'guten Stube', um 1920. Sammlung Eva Stille, Frankfurt/M.

Abb. 33 Wohn- und Schlafraum einer Berliner Unterschichtsfamilie, Berlin, 1908

Abb. 34 Familie im Wohn- und Schlafraum; in diesem Zimmer schliefen 9 Personen, in einem der Betten 3 Kinder. Berlin, 1919

Aufnahmen vom Schlafzimmer oder der Küche äußerst selten. Auch Fotos zeigen somit nur einen Ausschnitt aus der Wohnkultur des Historismus.

Eine Ausnahme bilden Wohnungsuntersuchungen, wie die *„Wohnungs-Enquête der Berliner Ortskrankenkasse für den Gewerbebetrieb der Kaufleute, Handelsleute und Apotheker“*, die von Albert Kohn (91) herausgegeben wurde. Die Fotos, die zwischen 1901 und 1920 entstanden, sollten zur Veränderung des Wohnelends und seiner Krankheitsfolgen beitragen. Sie gewähren einen Einblick in die Lebensumstände und erbärmlichen Wohnverhältnisse der Unterschicht am Beginn des 20.Jahrhunderts in Berlin. *(Abb.33/34)* (92)

Mündliche Zeugnisse
Interviews

Befragungen älterer Menschen, deren Erinnerungen bis in die Zeit des beginnenden 20.Jahrhunderts zurückreichen, vermitteln entscheidende Informationen zum Thema 'Wohnen um 1900'. Viele Fragen können nur anhand von Interviews mit älteren Personen beantwortet werden.
Zum Beispiel:
Auf welchem Wege informierte man sich über die herrschende Wohnmode?
Aus welchem Anlaß wurden die Möbel erworben?
Welche Kriterien waren wichtig für die Auswahl des Mobiliars bzw. die Kaufentscheidung?
Welche Funktionen hatten die verschiedenen Zimmer?
Wann wurden die Zimmer bzw. die Möbel benutzt?
Wie 'lebte' man 'mit' den Möbeln?
Wurden im Lauf der Zeit Veränderungen vorgenommen (z.B. Neukombination des Mobiliars, neue Tapeten, Teppiche, Bilder)? etc.

Bei den Aussagen der Befragten ist allerdings zu berücksichtigen, daß es sich stets um Einzelfälle, um persönliche Situationen und Eindrücke handelt, um Erinnerungen, die sich im Laufe der Zeit wandeln.
Vom Fragenden sind Verlauf und Resultate der Befragung abhängig – von der Formulierung und der Anordnung der Fragen, vom Stil des Gesprächs und dem Verhalten des Fragenden während des Interviews.

Beispiel: *„Resultate eines Kurzinterviews mit Frau K. aus Quakenbrück (Ldkr. Osnabrück)“*
Hintergrundinformationen zu einer Stubeneinrichtung im 'Stil' des Neo-Rokoko
(um 1887) (93)

Anläßlich der Heirat einer Gutsbesitzerstochter und eines Majors (Urgroßeltern von Frau K.) wurde die Ausstattung für die 'gute Stube' im Jahr 1887 in der Kleinstadt Thorn (Westpreußen) erworben. Zur kompletten Wohnzimmereinrichtung gehörten zwei weitere Stühle, ein Spiegel mit Konsoltisch sowie mehrere 'gedrehte' Blumenständer und ein Klavier.
In den vergangenen hundert Jahren 'erlebten' die Möbel eine ausführliche 'Odyssee':
Als Thorn nach dem ersten Weltkrieg polnisch wurde, zogen die Großeltern von Frau K., die die Möbel geerbt hatten, im Jahr 1920 nach Berlin. An die Wohnsituation um 1920 kann sich Frau K., die als Kind häufig die Großeltern besuchte, noch gut erinnern: In der geräumigen Mietswohnung in Berlin-Spandau stand das Ensemble im Wohnzimmer. Dieser Raum, der nur zu bestimmten festlichen Anlässen benutzt wurde, war mit einem bis zur Decke reichenden Kachelofen, einem Messingkronleuchter, mehreren zweiarmigen Wandleuchten, Samtportieren an den Türen sowie Samtvorhängen an den Fenstern ausgestattet. Der Fußboden bestand aus einfachen Holzdielen; Teppiche und Tapeten waren gemustert und paßten in ihrer Farbstellung zum Bezugsstoff des Mobiliars. Auf dem Konsoltisch des Pfeilerspiegels standen auf gehäkelten Deckchen (94) mehrere Fotos, an der Wand hingen große aufwendig gerahmte Fotografien der Urgroßeltern von Frau K.. Viele Topfpflanzen, vorwiegend Palmen, schmückten den Raum. Die nächste Station des Neo-Rokoko-Ensembles war Berlin-Gatow (1936).

Zu dieser Zeit ging der hohe Wandspiegel mit dem Konsoltisch verloren, der in der neuen, kleinen Wohnung nicht untergebracht werden konnte. Da nun kein eigener Speiseraum vorhanden war, die damalige Besitzerin aber nicht alle Möbel 'aufgeben' wollte, kombinierte sie ein im 'Stil' der Neo-Renaissance gehaltenes Eßzimmerbüffet mit dem Neo-Rokoko-Ensemble. 1944 ließ Frau K. das Mobiliar in die Bauerschaft Borg im Artland (Ldkr. Osnabrück) bringen, um es dort als Bestandteil ihrer eigenen Aussteuer zwischenzulagern.
Anfang der fünfziger Jahre erfolgte der Rücktransport der Möbel nach Berlin; sie dienten jetzt als 'Notlösung' für das gegen Kriegsende geplünderte Haus einer Familienangehörigen.
Nach einem weiteren Zwischenaufenthalt in Düsseldorf (1960) wohnte Frau K. mit ihrer Familie in Quakenbrück (Ldkr. Osnabrück) von 1973 bis 1986 erneut 'mit' diesen Möbeln; Historismus, Jugendstil und 'modernes' Mobiliar der 1960er und 1970er Jahre wurden in einem Raum

kombiniert. Endstation ist nun seit 1987 das Museumsdorf Cloppenburg.

Schon diese kurze Befragung der letzten Eigentümerin des Mobiliars vermittelt interessante Informationen: Kaufanlaß war, wie häufig bei Erwerb einer kompletten Einrichtung für die 'gute Stube', eine Heirat. Das um 1887 in Thorn gekaufte Raumensemble weist Parallelen mit der fast zwanzig Jahre später (1905) von Cla.Hobbie aus Torsholt in Oldenburg bestellten Wohnzimmerausstattung auf:

Wohnzimmer *„Ehepaar K.“* erworben in Thorn/Westpreußen 1887 Kaufanlaß: Heirat	Wohnzimmer *„Frl.Cla.Hobbie“* erworben in Oldenburg 1905 Kaufanlaß: Heirat
ein gepolstertes Sofa	ein Plüschsofa
zwei gepolsterte Sessel	zwei Plüschsessel
vier gepolsterte Stühle	vier Plüschstühle
ein Tisch	ein Stegtisch
ein Konsolspiegel	-
	ein Vertiko

Cla.Hobbie ließ sich den Spiegel allerdings für ihr Speisezimmer anfertigen und bestellte für die 'gute Stube' zusätzlich ein Vertiko, das in der Neo-Rokoko Einrichtung fehlt. (95) Der 'Wohn-Geschmack' der beiden Frauen ist also vergleichbar -obwohl die Ensembles in weit auseinanderliegenden Regionen gekauft wurden, und trotzdem zwischen dem Erwerb der beiden Aussteuern fast zwanzig Jahre liegen. Vermutlich änderten sich die Vorstellungen von der Ausstattung des Wohnzimmers während dieses Zeitraumes kaum.

Die Kindheitserinnerungen von Frau K. beschreiben das Neo-Rokoko-Ensemble als Einrichtung des Wohnzimmers und weisen auf die Prestigefunktion dieses nur selten benutzten Raumes hin. Man gewinnt einen Eindruck von der Ausstattung einer 'guten Stube' im Berlin der 20er und 30er Jahre: von der Gestaltung von Fenstern, Türen, Wänden und Fußboden, von der Dekoration des Zimmers mit Fotografien, Deckchen und Pflanzen sowie von den Lichtverhältnissen und der Beheizung des Raumes. Deutlich wird auch der mehrfache Funktionswandel des Mobiliars, der durch Umzüge, veränderte Lebens- und Wohnsituationen und nicht zuletzt durch die Verhältnisse während und nach dem Zweiten Weltkrieg bedingt war. Schließlich zeigt sich, insbesondere für die 70er und 80er Jahre, die Möglichkeit der Kombination der Neo-Rokoko-Stücke mit Möbeln verschiedener anderer Stilepochen.

IV. Aspekte der Möbelproduktion

Die Entwicklung einer Vielfalt von Betriebsformen, die in der zweiten Hälfte des 19.Jahrhunderts an der Möbelherstellung und am Möbelhandel beteiligt waren, erschwerte die eindeutige Zuordnung der Betriebe zu den Bereichen Handwerk, Verlag oder Fabrik bzw. Industrie. (96)
Schon im Jahr *1870* kritisierte *Gustav Schmoller* die Problematik der Trennung von Handwerk und Fabrik: *„Alle nennen sich aber jetzt mit Vorliebe Fabrikanten, auch wenn sie nur einen einzigen oder zwei Arbeiter beschäftigen.“* (97)
Wie schwierig auch heute eine klare Definition dieser differenzierten Betriebsformen ist, zeigt sich anhand des von *Adolf Noll* für den Begriff *„Handwerk“* entwickelten Kriterienkataloges (98):

1. Die Neuanfertigung, Änderung oder Reparatur von Erzeugnissen erfolgt aufgrund besonderer Fachausbildung und Geschicklichkeit.
2. Die beschäftigten Arbeiter sind gelernte Handwerker.
3. Die Erzeugnisse werden vom Rohstoff bis zum fertigen Produkt im gleichen Betrieb hergestellt.
4. Der Inhaber und seine Familie sind mit dem Betriebsgeschehen besonders vertraut.
5. Der Handwerksbetrieb umfaßt nicht mehr als zehn Arbeiter (bis 1909)
6. Der Handwerksbetrieb arbeitet auf Bestellung und für den örtlichen Bedarf.

Karl-Heinrich Kaufhold (99) erweitert die Handwerksdefinition, indem er den Einsatz von Werkzeugen und Maschinen als Ergänzung zur Handarbeit einbezieht; er betont die *„Existenz fließender Übergänge"* von Handwerk und Verlagssystem bzw. Handwerk und Industrie. (100) Trotzdem bleiben viele Fragen offen: Wo ist beispielsweise die Tischlerei einzuordnen, die bestimmte Möbelstücke (z.B. Vertikos, Tische) von Möbelfabriken erwarb, um sie dann an ihre Auftraggeber weiterzuverkaufen? Welche Stellung nimmt ein Betrieb ein, der nicht nur Rohstoffe, sondern auch gekaufte Halbfabrikate verarbeitete? Das Problem der Begriffsbestimmung besteht also weiterhin. Die neuere Forschung stellt deshalb die Frage, ob und inwieweit eine strenge Abgrenzung von *„Handwerk"* und *„Industrie"* überhaupt möglich ist. (101)

Handwerksbetrieb

Bis zur Jahrhundertwende wurde der größte Teil des Mobiliars nicht in Fabriken, sondern in mittleren (6-50 Personen) und kleineren (2-5 Personen) Betrieben (102) wie der Werkstatt Münnich in Quakenbrück hergestellt. (103) In den meist als Bau- und Möbeltischlereien arbeitenden Werkstätten lagen die Betriebsleitung und die Ausführung der Aufträge in der Hand des Meisters, seiner Gesellen und Lehrlinge. Der Tischlermeister arbeitete in der Werkstatt und war außerdem für anfallende kaufmännische Tätigkeiten (z.B. Buchführung, Schriftverkehr) zuständig. Er fertigte selbst Skizzen im jeweils herrschenden 'Neo-Stil-Trend' des Historismus für Möbel- oder Bautischlerarbeiten, aber auch Dekorationsentwürfe für Fenster, Türen oder Wände. *(vgl. Abb.37,38)* Die notwendigen Kenntnisse konnte der Handwerker in den Zeichenschulen der polytechnischen Vereine erwerben, die bemüht waren, ihren Schülern eine 'moderne' Ausbildung zukommen zu lassen. Weitere Informationsmöglichkeiten boten Möbelkataloge, die der Tischler durch Reisende der Möbelfabriken erhielt, oder Möbelprospekte, die ihm als Werbematerial zugesandt wurden. Als Orientierung dienten außerdem Vorlagewerke bzw. Musterbücher oder Fachblätter wie die *„Deutsche Tischlerzeitung" (Abb.35)*, die stets Zeichenbeilagen für die gerade gefragten Möbeltypen enthielt. Vorlagewerke, Fachblätter, Kataloge und Prospekte spiegelten die Möbel- bzw. die Wohnmode der Epoche des Historismus. Da diese Informationsmedien in der 2.Hälfte des 19.Jahrhunderts durch die rasante Entwicklung des Verlagswesens nahezu überall verbreitet waren, kann davon ausgegangen werden, daß auch der Tischler im ländlichen Raum über die Geschmackskonventionen der Zeit, über 'Stiltrends', Vorstellungen von Raumensembles und 'kompletten' Zimmereinrichtungen Bescheid wußte. Einen Beleg für diese These bietet die Überlieferung des Archivs der 'Ein-Mann-Tischlerei' Bunte aus Schandorf im Artland (Ldkr. Osnabrück) (104); neben mehreren Jahrgängen der *„Deutschen Tischlerzeitung"* fand sich eine Reihe von Möbelprospekten: u.a. von den *Vereinigten Spiegelfabriken* in *Fürth,* der Firma für Ausziehtische *Ruscheweyh & Schmidt* in *Langenoels, der Spiegelfabrik Carl Leube* in *Fürth* oder der *Möbelfabrik Dittmar* in *Berlin.* Auch der ländliche Tischler arbeitete also nach den ihm zur Verfügung stehenden Vorlagen Möbel im 'Stil' des Historismus. Für die Verzierung der Stücke griff er, soweit möglich, auf billige, genormte Halbfabrikate (z.B. Kugelfüße oder Rosetten) zurück. Mit speziellen Schnitzer-, Drechsler-, Polsterer- und Anstreicherarbeiten beauftragte der Tischlermeister

Organ für alle Gebiete der Tischlerei und verwandten Kunstgewerbe.

Offizielles Publikations-Organ des Innungs-Verbandes „Bund Deutscher Tischler-Innungen“.

Abonnements. Die „Deutsche Tischler-Zeitung“ erscheint am **Sonnabend jeder Woche.** Preis: Direkt von der Expedition (W. 35, Lützowstraße 6) unter Kreuzband vierteljährlich **2 Mk.**, Jahresabonnement 8 Mk. Ausland 2 Mk. 50 Pfg., Jahresabonnement 10 Mk. Auch nehmen sämmtliche Postanstalten und Buchhandlungen Abonnements zum Preise von **Mk. 1,50** pro Quartal entgegen.

Inserate werden die 4 gesp. Petitzeile oder deren Raum mit **30 Pf.** berechnet und von der Expedition (W. 35, Lützowstraße 6), durch die Annoncen-Expeditionen von Rudolf Mosse, Haasenstein u. Vogler, A.-G., in Berlin oder deren Filialen, sowie von allen guten Annoncen-Bureaux entgegengenommen. Beilagen nach Vereinbarung.

№ 10. Fernsprech-Anschluß: Amt VI, Nr. 3762. **Berlin, den 7. März 1896.** Fernsprech-Anschluß: Amt VI, Nr. 3762. XXIII. **Jahrg.**

Formenlehre für Möbeltischler.

VII.

Vortrag von Direktor Dr. P. Jessen.

IV. Der Stuhl.

(Fortsetzung.)

Im vorigen Vortrage hatten wir ausgeführt, daß der Renaissancestuhl mit wenig Ausnahmen unseren Anforderungen an Bequemlichkeit nicht entspricht. Die gerade Lehne, die Höhe des Sitzes, welche durch den allgemeinen Gebrauch von Fußbänken u. dergl. zu erklären ist, sowie dessen geringe Tiefe, die ein Zurücklehnen des Sitzenden unmöglich macht, sind Eigenthümlichkeiten, welche, ganz abgesehen von den nicht immer nachahmenswerthen Zierformen zur Anwendung für unser modernes Sitzgeräth nicht zu empfehlen sind. Wir hatten ferner gesehen, wie erst durch den Barockstil die uns unerläßlich scheinende Polsterung an Stelle der bis dahin gebräuchlichen losen Kissen gesetzt wird und wie dann Régence und Rokoko es verstanden haben; den Stuhl in einer äußerst reizvollen und allen Anforderungen der Bequemlichkeit, wie der Tektonik entsprechenden Weise auszubilden. Statt der steifen geraden Lehne mit den selbstständigen, starren Pfosten, wie sie am Renaissance-Stuhl gewöhnlich auftritt, ist hier aus der Vereinigung der einzelnen Theile, durch deren Ineinanderwachsen ein rhythmisches Gebilde entstanden, welches wir schon in der vorigen Besprechung als mustergiltiges Motiv auch für zukünftige Schöpfungen charakterisirten.

Heute sei zunächst noch eine kurze Betrachtung angestellt über den Bezug der Polster, welche sich in diesen schön gestalteten Rahmen einfügen, denn die Wahl des Bezuges ist ein unendlich wichtiger Faktor für den Gesammteindruck des Möbels. Nur zu oft sehen wir bei modernen Arbeiten an ganz vorzüglich geschnitzten Stühlen den Effekt völlig zu nichte gemacht durch einen falsch gewählten Bezug. Zum guten Theil ist dieser Fehler wohl zu erklären aus einer verständnißlosen Nachahmung der alten Vorbilder, denn es ist nicht zu leugnen, daß bei vielen alten Beispielen aus der Rokokozeit sich derselbe Uebelstand bemerkbar macht.

Fig. 2.

Fig. 1.

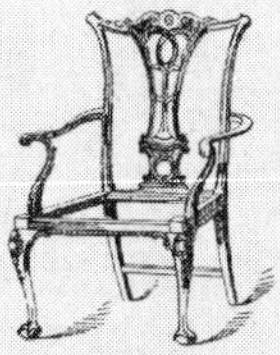

Fig. 3.

Fig. 4.

Das Rokokostoffmuster entwickelte sich aus dem der Renaissance, das bekanntlich in großer, ruhiger Linienführung das Granatapfelmotiv mit Vorliebe verwendete und in der Wiederholung seiner großen Linienzüge eine imponirende Flächendekoration ergab. Aber an Stelle der ruhigen, gleichmäßigen Zeichnung setzten die Meister des Rokoko ihre bewegten Linien, ihre Schnörkel und vor allem überwucherndes Blumenwerk, sodaß sich der Charakter der Gesammtwirkung durchaus veränderte. Das ursprünglich Ruhige und Vornehme wurde lebhaft und hervortretend, wenn nicht gar unruhig und aufdringlich. Zu der Lebhaftigkeit der Zeichnung trat außerdem eine sehr bunte Farbengebung. Selbstverständlich muß ein solcher Stoff, welcher den Ansprüchen auf Ruhe und Einheitlichkeit nicht genügt, die eleganten, aber weichen Linienführungen des Rahmenwerkes übertrumpfen, sodaß dieselben nicht richtig, oder gar nicht mehr zur Geltung kommen.

Sehr mit Unrecht wird daher heut in der Anwendung solcher Stoffe auf den alten Mustern gefußt, denn eine unbedingte Nachahmung der alten Vorbilder ist keineswegs zu empfehlen, sobald dieselbe sich auch auf die unleugbaren Schwächen der betreffenden Periode erstreckt. Leider wird ja meistens das Mangelhafte und Tadelnswerthe mit weit größerer Energie und in weit größerem Umfange nachgeahmt als das wirklich Gute, und gerade in der Wahl der Stoffe wird in Deutschland und speziell in Berlin so viel gesündigt, daß die Mahnung nicht oft genug wiederholt werden kann, nur Gutes von den alten Vorbildern nachzuahmen, Fehlerhaftes aber zu verbessern. Es liegt ja durchaus kein Grund vor, zu den Bezügen für im Rokokostil gebildete Stühle die alten Rokokomuster zum Vorbild zu nehmen, welche außerdem in den modernen Nachbildungen noch bunter und wirrer auszufallen pflegen.

Um die Feinheiten der Schnitzerei, der Vergoldung zur rechten Wirkung kommen zu lassen, sollte man vielmehr weit eher einfache, kleinblumige Musterung wählen, wie man ja auch z. B. auf den modernen Speisezimmerstühlen einfarbige und ganz glatte Tuch- oder Lederbezüge bevorzugt.

In der Periode des Louis XVI.-Stiles milderte sich dem Charakter der ganzen Periode entsprechend der Geschmack auch betreffend der Bezüge bedeutend. Die

Abb. 35 *„Deutsche Tischler-Zeitung“* 23.Jg. (1896) Nr.10

die entsprechenden ortsansässigen Handwerker. Die Klein- und Mittelbetriebe produzierten in erster Linie für den lokalen Markt. Der Verkauf erfolgte direkt an den Konsumenten. Bei schlechter Auftragslage arbeitete der Betrieb auf Vorrat. Die fertigen Möbel wurden Möbelmagazinen oder Zwischenhändlern angeboten. Der Einsatz von Holzbearbeitungsmaschinen mit Motorenantrieb war in kleinen Tischlereien aus ökonomischen (z.B. hohe Anschaffungs- und Betriebskosten) und technischen (z.B. Brandgefahr bei Petroleum- und Benzinmotoren) Gründen, aber auch wegen der Vielfalt der Arbeitsaufträge kaum möglich. Erst nach der Jahrhundertwende lohnte sich mit dem Ausbau des Energieversorgungsnetzes die Anschaffung des Elektromotors. (105)

„Carl Münnich, Tischler zu Quakenbrück“

Abb. 36 Visitenkarte des Tischlers Carl Münnich, Quakenbrück, nach 1900 (Archiv Msdf. Clp.)

Im Jahr 1880 richtete der Tischlermeister Carl Münnich (1852-1941) in Quakenbrück, St. Antoni Ort, eine kleine Werkstatt ein. Zur Ausstattung der Bau- und Möbeltischlerei gehörten im selben Jahr:

Hobelbänke (2)
Furnierböcke (4)
Wärmeofen (1)
Rauhbänke (2)
Doppelhobel (2) und Eisen (2)
Schlichthobel (2) und Eisen (2)
Schrupphobel (2) und Eisen (2)
Putzhobel (2) und Eisen (2)
Zahnhobel (2) und Eisen (2)
Nuthobel (1) und Nuthobelbeschlag einschließlich Schrauben
Kehlhobel (25)
Schiffhobel (1)
Grathobel (1)
Karnieshobel (2)
Falzhobel (2)
Fensterhobel (2)
Stabhobel (3)
Türenhobel (2)
Grundhobel (1)
Gesimshobel (1)
Nuteisen (8)
Locheisen (6)
Stegeisen (2 Satz)
Hohleisen (30)
Hohlkehleisen (1 Satz)
Streicheisen (1)
Schränkeisen (1)
Bohrwinde (1)
Windebohrer (4)
Zentrumbohrer (2)
Schenkenbohrer (2)
Löffelbohrer (2)
Bohrer (5)
Schraubknechte (12)
Schraubzwingen (4 Dutzend)
Keilzwingen (8)
Bankknecht (1)
Bankhaken (1 Satz)
Tischlerwinkel (6)

Winkelmaße (2)
Winkelhaken (3)
Zangen (2)
Hammer (1)
Sägen (4)
Sägenfeilen (6)
Sägenblätter (7)
Gehrungswinkelmaß (1)
Streichmaß (1)
Kröplade (1)
Schmiege (1)
Ziehklinge und Ziehklingenstahl
Raspeln (2)
Feilen (2)
Perlstäbe (2)
Zollstock (1)
Werkstattlampen (2)
Ferner:
3 Pfund Leim
1 Buch Glaspapier
2 Aufreiber

Die Kosten für die Werkstatteinrichtung beliefen sich bis zum Ende des Jahres 1880 auf circa 650 Mark. (106)
„An Vorräthigen Sachen" besaß Münnich zu diesem Zeitpunkt außerdem *„Nägel, Schrauben, Sargbeschläge, Schlösser u so w, Schellack, Politur, Farben, Sandpapier, usow, Fourniere Eschen, dito Nußholz, dito Mahagoni, sowie Nutzhölzer von selbigen Holze"* und *„Tannenholz"* im Gesamtwert von 480 Mark. (107) Sämtliche Bohrer und einige Kleinigkeiten erwarb der Tischler bei den *Kaufleuten Strahl* und *Juhl* in *Quakenbrück*. Den weitaus größten Teil der Werkzeuge bezog er jedoch aus *Hannover:* Münnich bestellte die gewünschten Artikel vermutlich nach Prospekten oder Katalogen der Firmen *Bahr & Gramer, Löwe, Hagemann* (Eisenwarengroßhandlung) und *Ehlers* (Schlosserei & Werkzeugmacherei). Die Lieferung der Ware erfolgte per Eisenbahn. (108)
Zwar bezog Münnich auch in den folgenden Jahren spezielle Eisenwaren (z.B.Bettschrauben) und Furniere aus Hannover, mit den anfallenden Drechsler-, Polsterer-, Schlosser- oder Glaserarbeiten beauftragte er aber Handwerker aus Quakenbrück. So drehte beispielsweise *Drechsler Helmerich* aus *Quakenbrück* im *April 1880* für Münnich *„2 Gardinen Roseten, 4 Tischbeine"* und *„2 Schubladenknöpfe"*. (109)
Auffallend intensive Geschäftskontakte hatte der Tischler allerdings mit der Firma *Louis Steinhauer* in *Osnabrück*. Steinhauer lieferte Marmorplatten, die in der Werkstatt für die Produktion der im Historismus beliebten Waschtische und Waschkommoden sowie für Nachtschränkchen 'besserer' Qualität benötigt wurden. (110)
Auch die Verfasser von Tischler-Fachbüchern plädierten für eine häufigere Verwendung von Marmor. *Krauth/Meyer* rieten *1902:„... und für Wasch- und Nachttische ist er* [der Marmor] *aus Zweckmässigkeitsgründen geradezu angezeigt; auf ersteren des Wassers wegen und auf letzteren der Streichhölzer halber, welche das Holz beschädigen, wenn die erforderliche Vorsicht ausser Acht gelassen wird. Bei besseren Stücken der letztgenannten Möbel ist der Marmorbelag auch allgemein üblich."* (111)

Abb. 37 Entwurf für ein Sopha im Stil des 'Zweiten Rokoko'
gezeichnet von dem Tischlerlehrling Carl Münnich aus Quakenbrück, um 1865 (Zeichenheft, Kopie: Archiv Msdf. Clp.)

Zwischen 1880 und 1899 fertigte Münnich Waschtische, Waschkommoden oder Waschschränkchen nur selten als Einzelstücke, sondern meist im Rahmen einer Gesamtausstattung des Schlafraumes: Beispielsweise erwarb

„Restaurathor Dohrmann" aus Quakenbrück im *März 1892* folgendes Möbelensemble (112):

	[Mark]
„Ein Kleiderschrank	*75.-*
ein dito halb Leinenschrank	*80.-*
ein Spiegelkomode	*60.-*
ein Waschtisch mit MARMORAUFSATZ	*60.-*
2 Bettstellen a 40 Mark	*80.-*
2 Matratzen zu denselben a 27	*54.-*
2 Nachtschränke a 18 Mark	*36.-*
	445.- Mark"

Auch für andere Wohnbereiche fertigte Münnich Raumensembles - so erhielt *„Pasthor Friedrich Schäfer"* aus Quakenbrück im Juli des Jahres *1885* eine Wohn- bzw. Herrenzimmereinrichtung aus gewachster Eiche, zu der ein Schreibtisch (120Mk.), ein Bücherschrank (82Mk.), ein Bücherregal (24Mk.), ein runder Sophatisch (35Mk.), ein Sophagestell (36Mk.), 2 Sesselgestelle (854Mk.), 4 Stühle mit Rohrlehne (66Mk.) sowie ein *„ausgeschnittener Niptisch"* (12Mk.) gehörten. (113) *„Schwarz"* oder *„Nußbaumm polierte Niptischchen"*, die in der Tischlerei häufiger hergestellt wurden, waren in der 2.Hälfte des 19.Jahrhunderts sehr populär; man präsentierte dort gerahmte Fotografien, kleine Statuetten, Porzellan etc. - Wohn-Accessoires, die die Raumausstattung im Historismus erst komplettierten. Neben vielen anderen Möbeltypen umfaßte das Programm der Werkstatt Münnich natürlich Rohrstühle (z.B. *1882: „3 Rohrstühle gestrichen à 3.50 Mark")* (114), aber auch verschiedene Kleinmöbel, die insbesondere nach 1850 in Mode kamen: Blumentischchen, *„gedrehte"* polierte Blumensäulen, sogar Staffeleien oder eine *„spanische Wand"*. Außerdem verkaufte Münnich Uhren, Lampen (z.B.Tischlampen oder Lampenvasen), Vogelbauer und Matratzen. Häufig beauftragten ihn Kunden mit der Rahmung mehrerer Bilder (z.B. *1884: „Ein großes Bild eingerahmt, ein dito kleines, ein dito runden Rahmen")* (115), die in der Wohnung des jeweiligen Auftraggebers - dem Zeitgeschmack entsprechend - vermutlich dicht nebeneinander gehängt die Wände schmückten. Auf Wunsch besorgte der Tischler sogar das Anbringen der Bilder (z.B. *1885: „Bilder aufgehängt")* (116) und das Arrangement der gefertigten Möbelensembles in den Wohnräumen (z.B. *1881: „Küst Möbeln aufgestellt")* (117).

Abb. 38 Entwurf für eine Fensterdekoration im Stil des 'Zweiten Rokoko'
gezeichnet von dem Tischlerlehrling Carl Münnich aus Quakenbrück, um 1865 (Zeichenheft, Kopie: Archiv Msdf. Clp.)

Die Fertigung von Raumensembles und 'modernen' Möbeltypen, der Verkauf von Wohn-Accessoires und auch die Tätigkeit des Tischlers als 'Innenarchitekt' zeigen, daß Münnich mit der herrschenden Wohnmode des Historismus vertraut war. Schon die Dekorationsentwürfe für Möbel *(Abb.37)* sowie für Fenster und Türen *(Abb.38)*, die er während seiner Lehrlings- und Gesellenzeit in den 60er Jahren skizzierte, weisen auf die 'zeitgemäße' Ausbildung des Tischlers hin. Später bezog er seine Informationen vermutlich aus überregional verbreiteten Fachzeitschriften, Fachbüchern, Prospekten und Katalogen. Auch die Geschäftsbeziehungen der Werkstatt gingen weit über den engen Bereich der Kleinstadt hinaus.

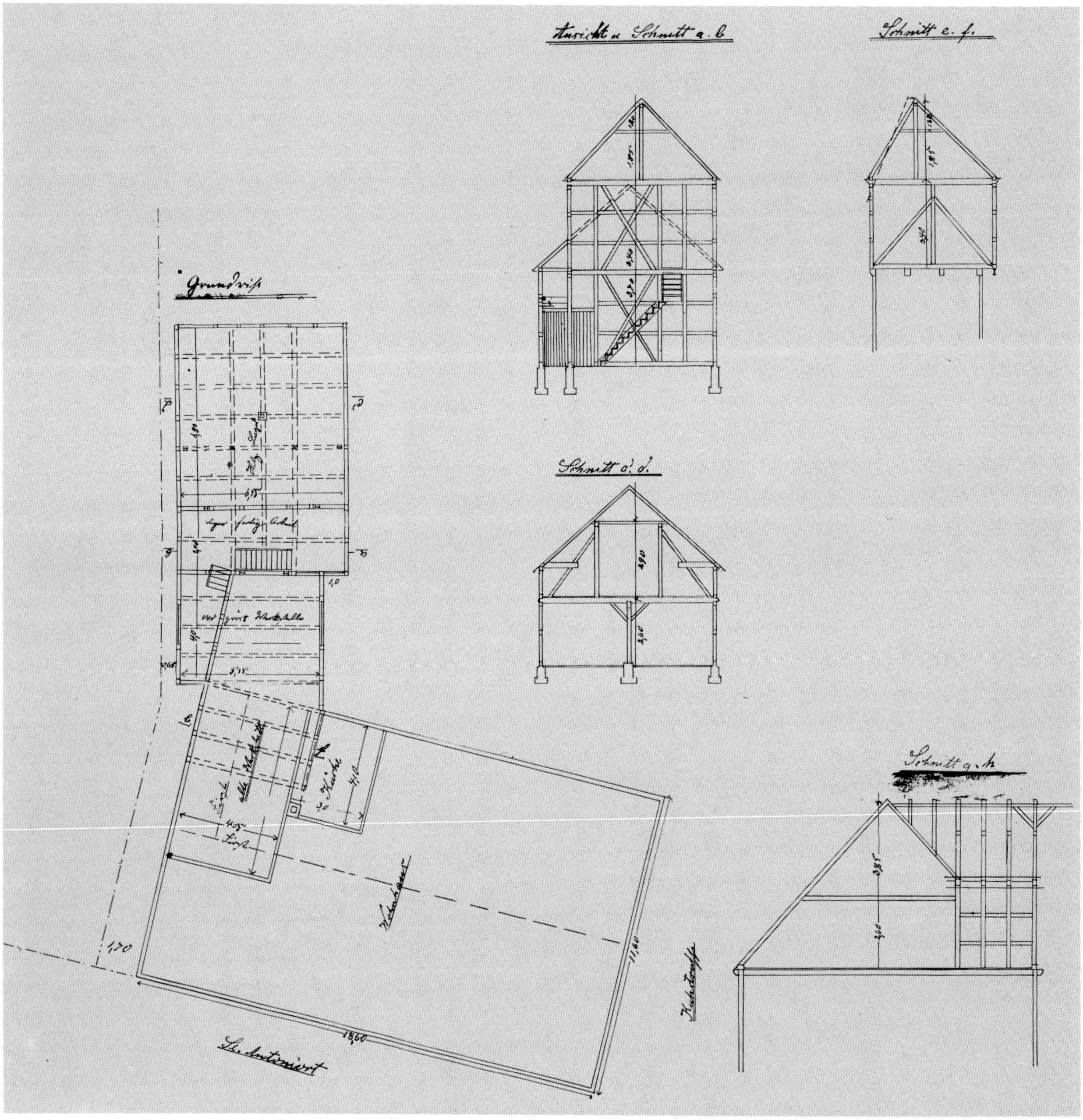

Abb. 40 Grund- und Aufriß von Wohnhaus und Werkstatt. Um die Jahrhundertwende plante Münnich eine Vergrößerung der Tischlerei (Bauplan, Kopie: Archiv Msdf. Clp.)

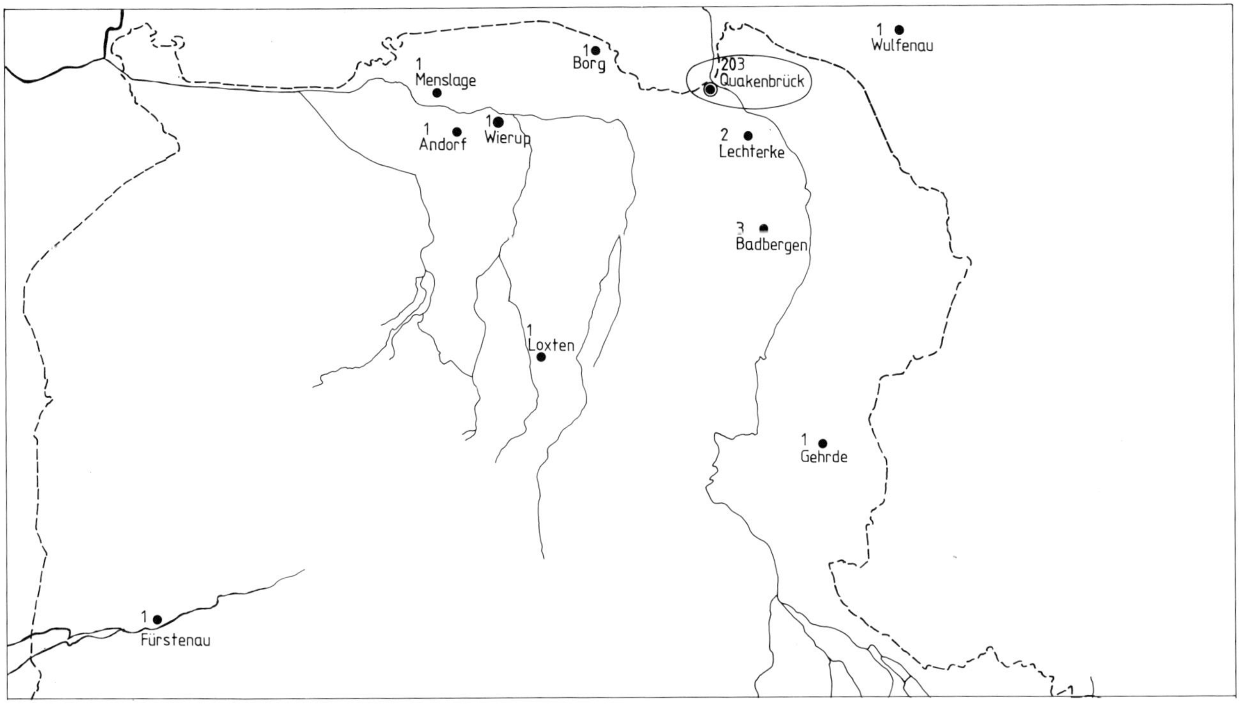

Abb. 39 Absatzgebiet der Tischlerwerkstatt Münnich zwischen 1880 und 1899 (Werkstattbuch der Tischlerei Münnich 1880-1899, Kopie: Archiv Msdf. Clp.)

Der Wirkungskreis bzw. das Absatzgebiet der Tischlerei war jedoch auf den lokalen Markt beschränkt. Die Analyse des *„Werkstattbuches 1880 - 1899“* belegt, daß Münnich fast ausschließlich für Kunden aus der Stadt Quakenbrück arbeitete. *(Abb.39)*

Um 1900 beschäftigte der Meister meist zwei Gesellen und ein oder zwei Lehrlinge. (118) Die günstige Auftragslage ermöglichte Um-bzw. Anbauten: Münnich vergrößerte die Werkstatt und ließ ein neues Gebäude errichten, das zum größten Teil als *„Holz Lager“*, aber auch als *„Magazin für fertige Arbeit“* genutzt werden sollte. *(Abb.40)*

Ob der Tischler in den folgenden Jahren - eventuell nach dem Anschluß der Stadt Quakenbrück an das Elektrizitätsnetz (1920) (119), als sich auch für kleine Werkstätten der Erwerb eines Elektromotors rentierte - neue Holzbearbeitungsmaschinen anschaffte, ist nicht bekannt.

Möbelfabrik

In der Möglichkeit der Mechanisierung lag ein Hauptvorteil der Möbelfabrik. Schon 1862 gab es Bandsägen, Kreissägen, Decoupiersägen, Hobelmaschinen, Bohrmaschinen, Fräsmaschinen, Holzbiegemaschinen, Zapfenschneidemaschinen und Schlitzmaschinen sowie Dreh- und Stemmaschinen. (120) In der größeren Möbelfabrik konnten diese frühen Maschinen durch die kostenintensive Dampfmaschine angetrieben werden. Um 1890 beschreiben Tischler-Fachbücher dann eine Vielfalt von Motorensystemen: Theoretisch standen nun neben Dampfmaschinen Wasserkraftmaschinen, Heißluftmaschinen, Wind- und Gaskraftmaschinen zur Verfügung. (121) In der Praxis kamen diese Antriebsmotoren aber nur in Großbetrieben zum Einsatz.

Ein anderer entscheidender Vorzug der Möbelfabrik war die Zusammensetzung der Mitarbeiter. Die zentrale Leitung der Betriebe bestand aus technischem, kaufmännischem und künstlerischem Personal. Dieses Team gab die Möbelentwürfe an die Arbeiterschaft weiter, die sich aus verschiedenen Berufen zusammensetzte: In jeder Möbelfabrik arbeiteten Schreiner, Lackierer, Drechsler und Polsterer; meist auch Maler, Tapezierer, Bildhauer, Flechter und Schlosser. Durch die Spezialisierung der Beschäftigten und die Zerlegung des Arbeitsprozesses konnte in sehr kurzer Zeit qualifizierte Arbeit geleistet werden. Die Kombination der Produkte, hergestellt von Facharbeitern nach Entwürfen des künstlerischen Personals, ermöglichte es den Fabriken, den schnell wechselnden 'Stilmoden' des Historismus zu folgen. Dem Publikum konnten in eigenen Ausstellungsräumen *„moderne Möbel"* in *„complet"* und *„stylgerecht"* mit passenden Accessoires ausgestatteten Musterzimmern präsentiert werden. So offerierte *„Hoflieferant und Hofdecorateur Carl Müller"* in Berlin und Leipzig seinen Kunden in einem goldgepreßten Katalog *„Complete Einrichtungen vom einfachen bis zum reichsten Genre in jedem Stil, bestem Geschmack und wirklicher Bequemlichkeit entsprechend". (122)*
Anders als der kleine Handwerker war der Fabrikant nicht auf den lokalen Markt beschränkt. Die Vertriebsmöglichkeiten waren vielfältig: Möbelhersteller schickten Reisende auf Kommissionsbasis durchs Land, verlegten Möbelkataloge, versandten Prospekte, richteten Verkaufsfilialen ein oder zeigten ihre kompletten Zimmereinrichtungen in Waren- und Ausstattungshäusern.

Die frühen Möbelfabriken, die um 1850 entstanden, produzierten in erster Linie qualitätvolles Mobiliar für eine zahlungskräftige Käuferschicht. Sie fertigten keine großen Serien gleicher Möbel, sondern stellten eine breite Produktpalette her. Die 'Fabrik' besaß also zu dieser Zeit ein positives Image. Auch die Inhaber von Möbelmagazinen, normalen Kundenschreinereien, spezialisierten Werkstätten oder Tischlereien mit Motorenbetrieb nannten sich häufig 'Fabrikanten', da sie sich von dieser Geschäftsbezeichnung ein höheres Prestige und effektivere Werbe- bzw. Verkaufserfolge versprachen.
Um die Jahrhundertwende wandelte sich das 'Fabrik-Verständnis'. Die Nachfrage nach billigen Möbeln war inzwischen stark angestiegen. Durch die industrielle Produktionsweise, die Serienfertigung, gelang es zwar, den 'Nachfrage-Boom' technisch zu meistern; künstlerisch konnte diese Umstellung jedoch nicht bewältigt werden. Das Wechselspiel zwischen Auftraggeber und Möbelproduzent war unter den neuen Produktions- und Vertriebsbedingungen nicht länger als Korrektiv für Form und Qualität wirksam. Neue Probleme ergaben sich bei zunehmend industrieller Herstellung, da nun der Entwurf, der in dieser Zeit häufig vom Architekten stammte, und die Ausführung des Möbels nicht mehr in einer Hand lagen. (123) Der Designer, der sich nur sehr selten in der handwerklichen Praxis auskannte, konnte die Schwierigkeiten, die bei der Ausführung seiner Entwürfe auftauchten (z.B. die Problematik der Stabilität der Möbelstücke), oft nicht einschätzen.
Um 1900 hatte die Mechanisierung schließlich alle Bereiche des Möbelbaus erfaßt. Jetzt produzierten Möbelfabriken nur noch wenige Artikel in sehr großen Serien: Möbelgestelle, Furniersitze, Ausziehtische, Schulbänke oder Stühle.

Das erste Massenprodukt: Der Stuhl

Das erste Massenprodukt im Möbelbau war der Stuhl. Rohrstühle, Rohrlehnstühle, Polsterstühle, Küchenstühle oder 'Wiener Stühle' (Thonetstühle) im Zweier, Vierer, Sechser, Zwölfer oder sogar Vierundzwanziger Ensemble durften in keiner Wohnungsausstattung des Historismus fehlen. *(Abb.41)*
Die Stuhlherstellung eignete sich hervorragend für arbeitsteilige Produktion und Maschineneinsatz. Bekanntestes Beispiel für die Serienproduktion spezieller Sitzmöbel in der Epoche des Historismus ist die österreichische Firma Thonet. (124) Der 1849 von dem Tischler Michael Thonet

Abb. 41 Stuhlangebot von *„Adolf Claussen, Möbel- und Polsterwaren. Oldenburg i. G.“*
Ausschnitt aus einem Werbeprospekt (Archiv Msdf. Clp.)

PREIS-COURANT

der

Zwickauer Stuhlfabrik Gustav Tänzer.

Nach Ausgabe dieser Preisliste sind alle alten ungültig p. 1. April 1888.

No.	Gegenstand.	roh Mark	roh Pfg.	Nussbaum, Mahagoni oder Natur – halb polirt Mark	halb polirt Pfg.	ganz polirt Mark	ganz polirt Pfg.	DeutschNussbaum 10% bill. echt Nussbaum od. Mahagoni polirt Mark	Pfg.	Esche oder Kirschbaum natur polirt Mark	Pfg.	Bemerkungen. / Eiche gewachst Mark	Eiche gewachst Pfg.	Eiche roh Mark	Eiche roh Pfg.
1	Hamb. Rohrstuhl, hint. durchgez., p. Dtzd.	30	—	35	—	37	50	—	—	—	—	m. Patents. 2 M. mehr.			
2	Reichsp. „ „ „ „ „	31	50	37	—	40	—	—	—	—	—	„ „ 2 „ „			
3	Hamb. „ dopp. gesch. Vorderf. „ „	31	50	37	—	40	—	—	—	—	—	„ „ 2 „ „			
4	Schwung „ geschnitzten Mittelst. „ „	32	—	39	—	42	—	—	—	—	—				
	Derselbe „ halb echt „ „	—	—	—	—	—	—	55	—	55	—	„ „ 2 „ „			
5	„ „ gekehlten Mittelst. „ „	32	—	39	—	42	—	—	—	—	—				
	„ „ halb echt „ „	—	—	—	—	—	—	54	—	54	—	„ „ 2 „ „			
6	Rohrfauteuil p. St.	7	50	9	50	10	50	—	—	—	—				
	„ halb echt „ „	—	—	—	—	—	—	11	50	11	50				
7	Schwung-Rohrstuhl, Birke od. Buche, mit Seitenleisten, p. Dtzd.	33	—	40	50	43	—	—	—	—	—	„ „ 2 „ „			
	„ „ halb echt „ „	—	—	—	—	—	—	56	—	56	—				
8	Schw.-Rohrlehnst., Birke o. Buche, „ „	48	—	54	—	57	50	—	—	—	—	„ „ 2 „ „			
	halb echt „ „	—	—	—	—	—	—	60	—	60	—				
9	Rohrlehnfauteuil, Birke od. Buche p. St.	9	—	11	—	12	—	—	—	—	—				
	halb echt „ „	—	—	—	—	—	—	13	—	13	—				
10	Rohrstuhl mit gedreht. Vorderf., p. Dtzd.	36	—	43	50	46	50	—	—	57	—	„ „ 2 „ „			
11	Rohrlehnst. „ „ „ „ „	54	—	62	—	66	—	—	—	—	—	„ „ 2 „ „			
												Eiche gewachst Mark	Pfg.	Eiche roh Mark	Pfg.
12	Rohrlehnfauteuil mit gedr. Vorderf., p. St.	14	—	16	50	18	50	—	—	—	—	19	—	18	—
13	Rohrlehnstuhl „ „ „ p. Dtzd.	72	—	80	—	84	50	140	—	96	—	120	—	114	—
14	Rohrstuhl „ „ „ „ „	56	—	62	—	66	—	—	—	—	—	96	—	90	—
15	„ mit geschweiftem Sitz „ „	60	—	68	—	73	—	—	—	84	—	102	—	96	—
16	Rohrlehnst. „ „ „ „ „	72	—	80	—	84	—	—	—	96	—	120	—	114	—
17	Wiener Rohrst., Lehne abger., „ „	50	—	57	—	60	—	90	—	72	—	—	—	—	—
18	„ „ „ einf. gek. „ „	53	—	60	—	63	—	93	—	75	—	—	—	—	—
19	„ „ „ dopp. „ „ „	56	—	63	—	66	—	96	—	78	—	—	—	—	—
20	„ Rohrfauteuil, Lehne abger., p. St.	14	—	17	—	18	—	23	—	21	—	—	—	—	—
	„ „ „ einf. gek. „ „	14	50	17	50	18	50	23	50	21	50	—	—	—	—
	„ „ „ dopp. „ „	15	—	18	—	19	—	24	—	22	—	—	—	—	—
21	„ Polsterst. Mk. 6 bill. wie 17, 18 u. 19.											—	—	—	—
22	„ Polsterfauteuil Mk. 1,50 bill. wie 20.											—	—	—	—
23	„ Rohrlehnstuhl p. Dtzd.	72	—	79	—	82	—	120	—	84	—	—	—	—	—
24	„ „ m. gek. Vorderb. „ „	78	—	84	—	87	—	126	—	96	—	—	—	—	—
25	„ Rohrlehnfauteuil p. St.	14	50	16	—	17	50	27	—	24	—	—	—	—	—
26	„ Rohrstuhl p. Dtzd.	—	—	84	—	87	—	126	—	94	—	—	—	—	—
27	„ „ „ „	—	—	—	—	87	—	126	—	94	—	—	—	—	—
28	„ „ „ „	—	—	—	—	90	—	129	—	100	—	—	—	—	—

Abb. 42 Preisliste der Zwickauer Stuhlfabrik Gustav Tänzer aus dem Jahr 1888, Ausschnitt (Archiv Msdf. Clp.)

(1796-1873) gegründete Betrieb besaß bereits im Jahr 1853 eine Dampfmaschine und arbeitete zu dieser Zeit mit 42 Arbeitern. Hauptgegenstand der Produktion waren preiswerte gebogene Sitzmöbel, sogenannte Bugholzmöbel, für deren spezielle Herstellungsweise Thonet bis 1864 das Patentrecht besaß: Massive Buchenholzstücke wurden mittels heißem Wasserdampf biegsam gemacht und in beliebig formbare Metallrahmen gespannt.
1859 hatte Thonet das Firmensortiment um den sogenannten *„Stuhl Nr. 14“* erweitert, einen Sessel, der aus nur sechs zusammenschraubbaren Einzelteilen bestand: Der Rückenlehne mit den hinteren Beinen, der Rückenstütze, dem kreisrunden, mit Rohrgeflechten bespannten Sitzring, den beiden vorderen Beinen und dem die Beine stabilisierenden Fußreifen.
Um 1900 fertigten schließlich 6.000 Beschäftigte täglich etwa 4.000 Möbelstücke.
Nach dem Erlöschen des Thonetschen Patents entstanden Konkurrenzunternehmen: So gründeten Jacob und Josef Kohn im Jahr 1870 in Berlin eine Firma für *„Möbel aus massiv gebogenem Holz“*. 1923 fusionierten Kohn und Thonet.
Der Versand von Stühlen war im Unterschied zu großen Möbelstücken früh rentabel, da Stühle in Einzelteile zerlegbar waren, so daß die Endmontage beim Möbelhändler erfolgen konnte. (125) Schon in der ersten Hälfte des 19.Jahrhunderts hatte sich in Sachsen, und zwar in Rabenau und in den Dörfern um Waldheim, Mittweida und Geringswald, als Spezialindustrie der Stuhlbau entwikkelt. *(Abb.42)* Seit den 90er Jahren galt das Königreich Sachsen dann als Hauptbezugsquelle für gewöhnliche Massenware, vor allem für Sofagestelle und billige Stühle. Produziert wurde entweder in Großbetrieben oder in verlagsabhängiger Hausindustrie. (126)

Auch die 1877 gegründete Oldenburger Tischlerei Stolle bezog Stühle aus dieser Gegend. Im Jahr 1912 erhielt Stolle fünf Lieferungen der *„Stuhlfabrik“* bzw. des *„Stuhllagers“* aus *Schletta (Sachsen)* (127) im Gesamtwert von 407 Mark. Bei der Firma *Ettig* in *Geringswalde (Sachsen)* (128) bestellte der Tischler ebenfalls Stühle, bei *Naether* in *Zeitz (Sachsen)* Holzwaren (129), vermutlich Stühle, und bei *Braun & Möller* in *Sangerhausen* (130) Sofagestelle. Ein anderer Geschäftspartner der Oldenburger Werkstatt, die *„Stuhlfabrik Bosch“*, hatte ihren Sitz in *Weinheim am Rhein.* (131) Das Polstern der Stühle und Sofagestelle sowie mancher Stuhl- und Sesselgestelle übernahm ein ortsansässiger Handwerker, der *„Sattler und Tapezierer“ Heinrich Wachtendorf.* (132) Den benötigten Bezugsstoff, meist weinroter oder grüner 'Plüsch', wie er für die Zeit des Historismus typisch war, gab Stolle bei der Firma *Strauss* in *Düsseldorf* (133) oder der *Plüschweberei Ernst Günther* in *Elberfeld* in Auftrag. (134)

Größere Möbel eigneten sich lange Zeit nicht für die Serienfertigung. Erst seit dem Ende des 19.Jahrhunderts lohnte sich auch für einfache billige Kastenmöbel (135) oder Tische die Massenproduktion und der Versand über weite Strecken. (136)

Abb. 43 Annonce aus dem *„Bazar. Illustrierte Damen=Zeitung“* 40.Jg. (1894) Nr.21, S.242

1894: „48.000 Ruscheweyh-Tische im Gebrauch“

In der zweiten Hälfte des 19. Jahrhunderts hatte der Bedarf an Möbeln in den schnell wachsenden Städten, aber auch auf dem Lande stetig zugenommen. Der Ausbau des Verkehrsnetzes förderte den überregionalen Handel und Orte mit 'traditioneller' serieller Möbelproduktion.
Möbelfabrikanten sandten Vertreter über Land, moderne Verkaufsstrategien wie der Versand von Möbelprospekten oder Preislisten sorgten dafür, daß die Offerten der Fabrikanten und Händler auch kleine Orte in ländlichen Gebieten erreichten.
Am Beispiel der auf die Tischproduktion spezialisierten Firma Ruscheweyh & Schmidt aus Langenoels (Schlesien) zeigt sich die überregionale Verbreitung der Produkte nach 1850 und die Möglichkeit, das Mobiliar erneut zu regionalisieren.

Abb. 44 Ausziehtisch, Neo-Renaissance, um 1898
Unterseite des Gestells mit Patentnummer, Ausschnitt (vgl. Abb. 16)
Sammlung Museumsdorf Cloppenburg Niedersächsisches Freilichtmuseum

Der Ausziehtisch *(Abb.44),* der zu jeder Seite in drei Abschnitten verlängert werden konnte, gehört zu einer Stubeneinrichtung im 'Stil' der Neo-Renaissance. Im Jahr 1897 hatte eine gutsituierte Hofbesitzerfamilie einer kleinen Bauerschaft des Osnabrücker Landes vermutlich die Tischlerei Renzenbrink in Quakenbrück mit der Anfertigung des Ensembles beauftragt. Die Kennzeichnung des Tisches mit der Reichspatentnummer (137) führte zum Produzenten: Am 4. Juli 1878 hatte das Kaiserliche Patentamt in Berlin der Firma R. Ruscheweyh in Langenoels in der *„Klasse 34, Hauswirtschaftliche Geräthe“* das Patentrecht für einen Ausziehtisch erteilt. *(Abb.45)* Langenoels, ein ehemals schlesisches Dorf im Regierungsbezirk Liegnitz war im 19.Jahrhundert für seine Holzindustrie, speziell für die Produktion von Ausziehtischen bekannt. Der Produzent und der Herstellungsort des Tisches konnten somit identifiziert werden: Ruscheweyh in Langenoels.
Die Tischlerei Renzenbrink bezog wahrscheinlich größere Posten dieses Möbeltyps, die mit der Bahn auf direk-

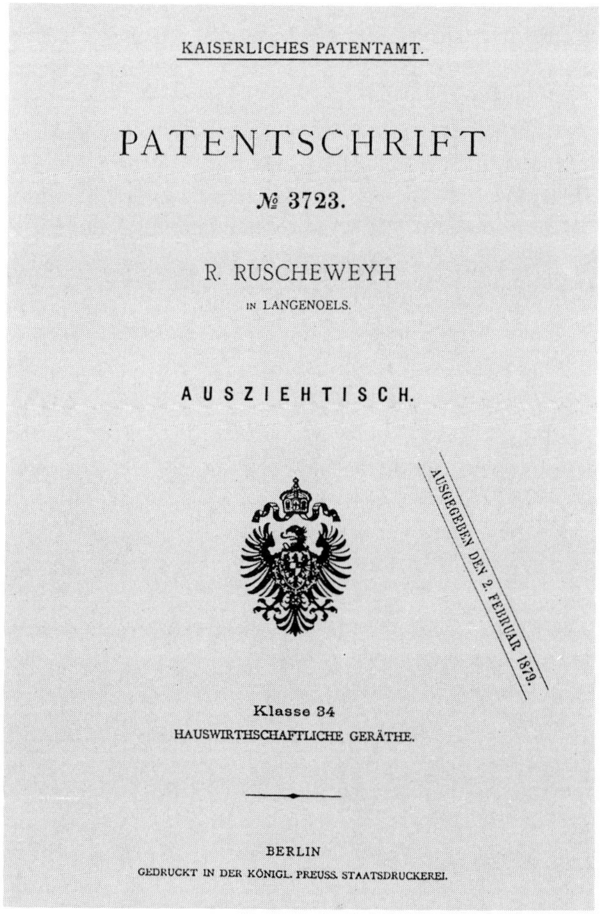

KAISERLICHES PATENTAMT.

PATENTSCHRIFT

№ 3723.

R. RUSCHEWEYH
IN LANGENOELS.

AUSZIEHTISCH.

AUSGEGEBEN DEN 2. FEBRUAR 1879.

Klasse 34
HAUSWIRTHSCHAFTLICHE GERÄTHE.

BERLIN
GEDRUCKT IN DER KÖNIGL. PREUSS. STAATSDRUCKEREI.

Abb. 45 Patentschrift No 3723 für die Firma R. Ruscheweyh in Langenoels, 1879 (Kopie: Archiv Msdf. Clp.)

Abb. 47 Tischlermeister Renzenbrink mit seinen Mitarbeitern vor der Werkstatt in Quakenbrück, 18.6.1897 (Foto, Kopie: Archiv Msdf. Clp.)

tem Wege, ohne den Umweg über einen Zwischenhändler, von Langenoels nach Quakenbrück gebracht wurden. Einträge im *„Post-Einlieferungsbuch" (Abb.46)* des Tischlermeisters Friedrich Renzenbrink (geb. 1848) belegen in den Jahren von 1884 bis 1887 Zahlungen an die Firma Ruscheweyh. Renzenbrink *(Abb.47)* bot Auftraggebern, die sich für eine komplette Zimmereinrichtung interessierten, also eine Kombination der in der eigenen Werkstatt gefertigten, individuellen, 'regionalen' Möbel mit einem in Serie produzierten, 'überregionalen' Ausziehtisch an.

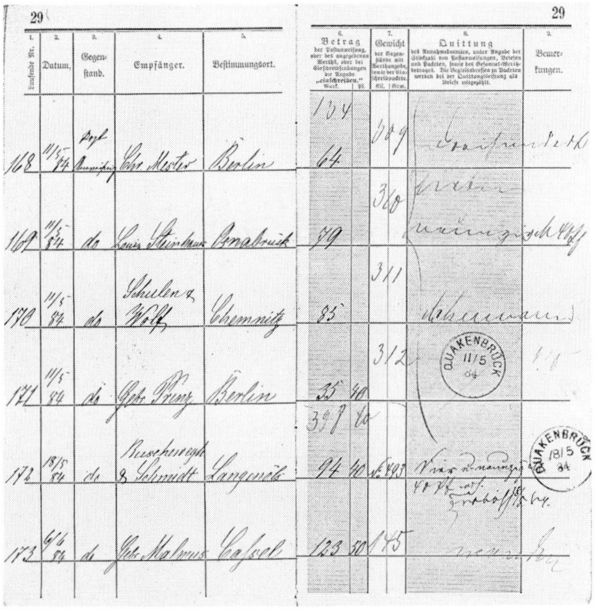

29 | 29

1. Laufende Nr.	2. Datum	3. Gegenstand	4. Empfänger	5. Bestimmungsort	6. Betrag der Postanweisung, oder des angegebenen Werths, oder bei Einschreibsendungen die Angabe „einschreiben." Mark	Pf.	7. Gewicht der Gegenstände mit Werthangabe, sowie der Einschreibpackete. Kil. / Grm.	8. Quittung des Annahmebeamten, unter Angabe der Stückzahl von Postanweisungen, Briefen und Packeten, sowie des Gesammt-Werthbetrages. Die Begleitadressen zu Packeten werden bei der Quittungsleistung als Briefe mitgezählt.	9. Bemerkungen.
168	11/5 84	Post Anweisung	Gebr. Mester	Berlin	64		309	[illegible]	
169	11/5 84	do	Louis Steinkamp	Osnabrück	79		310	[illegible]	
170	11/5 84	do	Schulen & Wolff	Chemnitz	85		311	[illegible]	
171	11/5 84	do	Gebr. Prinz	Berlin	35	40	312	QUAKENBRÜCK 11/5 84	
172	18/5 84	do	Ruscheweyh & Schmidt	Langenöls	94	40	No. 493	[illegible]	QUAKENBRÜCK 18/5 84
173	6/6 84	do	Gebr. Malmus	Cassel	123	50	145	[illegible]	

Abb. 46 *„Post-Einlieferungsbuch"* der Tischlerei Friedrich Renzenbrink (1878-1887), Quakenbrück Auszug für Mai/Juni 1884 („Post-Einlieferungsbuch", Kopie: Archiv Msdf. Clp.)

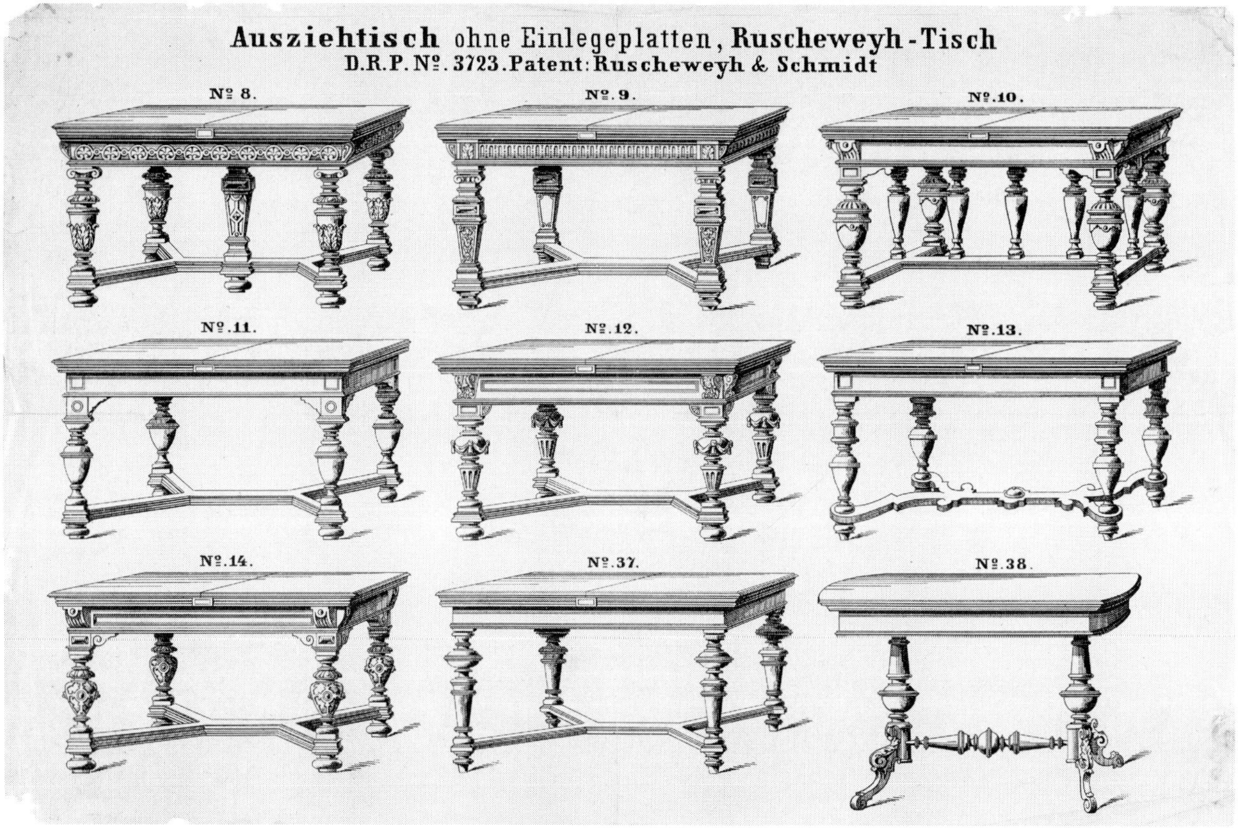

Abb. 48 Werbeprospekt der Firma Ruscheweyh & Schmidt in Langenoels, um 1890 (Archiv Msdf. Clp.)

Die freie Kombination der an verschiedenen Produktionsorten und von unterschiedlichen Firmen hergestellten Möbel war in diesem Maße erst in der Epoche des Historismus möglich: Da sowohl in kleineren Tischlereien als auch in den Möbelfabriken nach den gleichen 'austauschbaren' Vorlagen gearbeitet wurde, boten die Zimmereinrichtungen - trotz der unterschiedlichen Herkunft der Möbel - ein einheitliches Bild.

Daß das Angebot der Firma Ruscheweyh & Schmidt in der ländlichen Kleinregion bekannt wurde, dafür sorgten Werbeprospekte, die in größerer Zahl sogar im Nachlaß der 'Ein-Mann-Bauerschafts-Tischlerei' von Wilhelm Bunte in Schandorf (Ldkr. Osnabrück) auftauchten. *(Abb.48)* (138) Auch dem Konsumenten waren Ruscheweyh- Tische eventuell ein Begriff, da die Firma in Familienzeitschriften wie dem *„Bazar“* annoncierte: *„Die Tische, nebst Zeichnungen und Preislisten, sind zu beziehen durch jede solide Möbelhandlung, oder wo solche nicht am Platze direkt durch die Fabrik.“ (vgl. Abb.43)* (139)

Möbel- und Wohnmoden erreichten also in der zweiten Hälfte des 19. Jahrhunderts, bedingt durch die Entwicklung der Informationsmedien und des Verkehrswesens, ohne größere Zeitverzögerung auch kleinste Orte in ländlichen Regionen.

Verlag

Neben Möbelfabriken und kleinen sowie mittleren Kundentischlereien arbeiteten spezialisierte Werkstätten. Durch die Beschränkung der Produktion auf bestimmte oder einen einzigen Artikel war es den Handwerkern nicht möglich, vom Verkauf ihrer Möbel an Privatkunden zu existieren; sie übernahmen in zunehmendem Maße die Rolle von Zulieferbetrieben für den Handel. Häufig entwickelte sich die Spezialisierung einer Werkstatt erst durch wiederholte Bestellungen des Händlers. Zwischen dem Händler, der die Produkte verschiedener spezialisierter Tischler kombinierte und zum Verkauf anbot, und dem Handwerker entstand eine Abhängigkeitsform: Der Verlag. Der Verleger konnte Art, Menge, Qualität und Preis der Ware bestimmen; oft stellte er dem Handwerker sogar Rohstoffe und Halbfabrikate (z.B. Diamantquader, Rosetten, Schrankgesimse) zur Verfügung. Zum Teil entwickelten sich die Tischler zu völlig abhängig arbeitenden sogenannten Teilarbeitern, Heimarbeitern, Hausindustriellen oder Stückmeistern.

Berlin, Zentrum der Möbelindustrie

In Berlin setzte sich das Verlagswesen im Bereich der Möbelherstellung am frühesten und am deutlichsten durch. (140)
Schon in der ersten Hälfte des 19.Jahrhunderts hatte sich in Berlin ein umfangreicher Möbelhandel entwickelt. Den lokalen Markt beherrschten zum großen Teil Magazine, die von spezialisierten, abhängigen Werkstätten beliefert wurden.

Die Situation des Tischlergewerbes in Berlin beschreibt im Jahr *1895 Paul Voigt: „Es giebt Betriebe, in denen nur Schränke, Tische, Stühle, Kommoden, Nähtische, Nachttische, Waschtische, Spiegelluntersätze, Vertikows, Büffets, Bettstellen, Spiegelrahmen, Gardinenbretter, Sophas, Fauteuils, Herrenschreibtische, Damenschreibtische, Küchenspinden, Küchentische u.s.w. fabriziert werden. Und auch bei dieser Teilung hat man noch nicht Halt gemacht.“* (141)

Abb. 49 Vertiko, Fikensholt (Ammerland), hergestellt in Berlin, um 1884
Sammlung Museumsdorf Cloppenburg Niedersächsisches Freilichtmuseum

Der Ausbau des Eisenbahnnetzes nach 1838 hatte einen starken Aufschwung des Berliner Möbelexports zur Folge. *1870* erklärte die *Berliner Kaufmannschaft: „Seit Ende der 40er Jahre ... hat sich ... ein massenhaftes Möbelgeschäft ausgebildet, das unsere Stadt und fast alle Gegenden Deutschlands mit seinen Erzeugnissen versorgt“.* (142)
Die Überlegenheit des Berliner Tischlergewerbes ist auf die rationelle Produktionsweise zurückzuführen: Auf die weitgehende Spezialisierung der Werkstätten sowie auf den bereits in den achtziger Jahren üblichen Maschineneinsatz im gesamten Möbelbau.

Von einer spezialisierten Berliner Möbelwerkstatt wurde vermutlich auch das Vertiko aus Schloß Fikensholt bei Westerstede im Ammerland gefertigt. *(Abb.49)* Nußbaum furnierte Stücke dieser Art, die zur gehobenen Preiskategorie gehörten, bezeichnet der Handel als *„Berliner Möbel“*. Der auf der Rückwand des Vertikos aufgeklebte unscheinbare Zettel mit der Aufschrift *„Eisenbahn=Direktions=Bezirk Magdeburg/Berlin B.L./Güter-Expedition“* belegt die Herkunft des Möbels aus Berlin. Anhand des Stempels *„Eingeliefert 18.3.85“* kann auf ein Herstellungsdatum um 1884 geschlossen werden. Zusätzliche Vermerke der Ortsnamen deuten daraufhin, daß der Bahnversand über Ocholt und Westerstede verlief. *(Abb.50)* (143)
Der Verkauf des Vertikos kann zwar eventuell direkt von der Fabrik an den Kunden erfolgt sein, wahrscheinlicher ist jedoch der Weg über einen Tischler in Westerstede oder Fikensholt. Diese Vermutung bekräftigt ein Hinweis im Hauptbuch der Tischlerei Stolle aus Oldenburg: In den Jahren *1911* und *1912* taucht mehrmals der Vermerk *„Fracht Vertikows“* auf. (144) Sofas, Sofagestelle und auch Vertikos (145) waren Möbeltypen, die von kleineren städ-

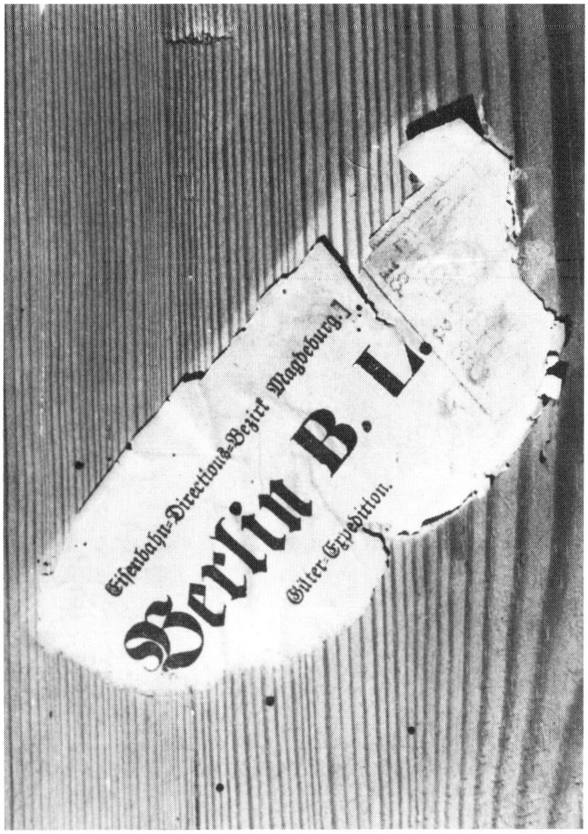

Abb. 50 Beschriftung der Rückwand des Vertikos

Abb. 51 Verkaufsprospekt einer Berliner Möbelfirma, Berlin, um 1880, Ausschnitt (Archiv Msdf. Clp.)

tischen oder ländlichen Tischlereien bei einer – vermutlich meist spezialisierten – Möbelfabrik bestellt und dann an die Werkstattkunden weiterverkauft wurden.

Am Beispiel des Vertikos aus Schloß Fikensholt wird deutlich, daß es besonders für die Zeit des Historismus notwendig ist, nach Spuren zu suchen, selbst den kleinsten Hinweis zu beachten. Notizen und Etikett bieten in diesem Fall die einzige Möglichkeit, nähere Erkenntnisse über Herkommen, Entstehungszeit und Versandweg des Möbels zu gewinnen. Ohne diese Hintergrundinformationen wäre ein solches Stück kein Sammlungsgegenstand kulturhistorischer Museen, sondern nur e i n e s der in großer Serie produzierten Vertikos der 2.Hälfte des 19.Jahrhunderts, die keine weiterführende Aussage zulassen.

Ein Vertiko fehlte in der 2.Hälfte des 19.Jahrhunderts in kaum einer Wohnungsausstattung. Es konnte Wohnzimmer- oder Speisezimmermöbel sein, diente in größeren Haushalten aber fast ausschließlich als Einrichtungsgegenstand des Salons. (146) Ein *„echtes“,* häufig aus gestrichenem Weichholz gefertigtes Vertiko konnte man schon für 48 Mark kaufen. Für ein exklusiveres, furniertes Stück *„mit Kasten-Aufsatz, Säulen, gestochenen Füllungen und Niesche“* mußte der finanzkräftige Kunde dagegen über 100 Mark anlegen. (147) Für Möbeltischler zählte das Vertiko zum selbstverständlichen Repertoire. Jeder Möbelkatalog, jeder Möbelprospekt enthielt ein breit gefächertes Sortiment. *(Abb.51)* Durch die Austauschbarkeit der Möbelverzierungen wirken diese Möbel trotz des vielfältigen Angebotes 'wie genormt'.

Schematismus im Möbelbau

Viele Möbel der zweiten Hälfte des 19.Jahrhunderts kamen in einer stark schematisierten Weise auf den Markt. (148) Anteil an dem überregionalen Geschmacks-, Wissens- und Technikaustausch hatten die seit dem Beginn des 19.Jahrhunderts entstehenden Gewerbevereine und Gewerbeschulen, die Ausstellungen veranstalteten, Modellsammlungen zeigten, Bibliotheken einrichteten und Vereinszeitschriften herausgaben. Auch die Mustersammlungen der Kunstgewerbemuseen (1867: Gründung des Bayerischen Nationalmuseums in München, des Bayerischen Gewerbemuseums in Nürnberg und des Kunstgewerbemuseums in Berlin), Fachzeitschriften, Fachbücher und Kataloge, die Weltausstellungen sowie nationale und regionale Industrie- und Gewerbeausstellungen (z.B. die „Amtliche=Landes=Industrie=und Gewerbe=Ausstellung" in Oldenburg im Jahr 1905) trugen zur Vereinheitlichung des Wohngeschmacks und der Möbelformen bei. Eine wichtige Rolle für die Gestaltung der 'genormt' wirkenden Möbel spielte die Verwendung von Halbfabrikaten. Um 1850 begann der verstärkte Maschineneinsatz zur Produktion vorgefertigter Möbelverzierungen aus Holz. Autoren von Tischler-Fachbüchern verwiesen ebenfalls auf die Verarbeitung fertiger Teile. *1891* riet *Carl Wilhelm Ludwig: „Mit Bildhauer- oder Schnitzarbeit sollte sich kein Tischler befassen. Es ist eine zeitraubende Spielerei, welche schlecht lohnt ... Gesimse, Kapitäle usw., sowie auch Drehereien werden ja massenhaft feil gehalten zu Spottpreisen. Z.B. ein Schrankgesims kann man zu 1.30 Mark schon kaufen, woran ein Tischler einen ganzen Tag arbeitet." (Abb.52)* (149)
Halbfabrikate konnte der Tischler in speziellen Geschäften für Tischlereibedarfsartikel kaufen oder direkt vom Produzenten beziehen; Werbeanzeigen fanden sich in jeder Fachzeitschrift. *(Abb. 53, 54)* Auch die Tischlerei Renzenbrink in Quakenbrück (Ldkr. Osnabrück) arbeitete in der 2.Hälfte des 19.Jahrhunderts mit vorgefertigten hölzernen Möbelverzierungen. Besonders deutlich wird die Kombination individueller Handarbeit und maschinell gefertigter Halbfabrikate an dem um 1897 hergestellten Nußbaum furnierten Wohnzimmerbüffet im 'Stil' der Neo-Renaissance *(Abb.55)* (150): Die geschnitzten Verzierungen des Schrankes (z.B. Türfüllungen, Zierleisten, Gesimsleisten, Aufsatz und Diamantquader) wurden in Handarbeit ausgeführt. Über den zuständigen Handwerker bemerken *Krauth/Meyer* im Jahr *1902: „In den allerwenigsten Fällen wird der Schreiner in der Lage sein, die Bildhauerarbeit* [=Holzschnitzerei] *selbst zu fertigen; er ist auf die Hilfsarbeit des Holzschnitzers angewiesen, sei es nun, dass er diesen ständig in seinem Geschäft zur Verfügung hat, sei es, dass er die betreffenden Stücke zur Fertigstellung ausser Haus giebt. In beiden Fällen wird das Holz vom Schreiner zugerichtet, bevor es der Bildhauer in Behandlung nimmt."*

Abb. 52 Annonce aus der *„Deutschen Tischler-Zeitung"* 23.Jg. (1896) Nr.10

(151) Ob Friedrich Renzenbrink einen Holzschnitzer beauftragte, oder einen speziell für diese Tätigkeit qualifizierten Mitarbeiter in seiner Werkstatt beschäftigte, oder eventuell die anfallenden Schnitzarbeiten einem begabten Lehrling oder Gesellen überließ, konnte noch nicht geklärt werden. Viele kleine Unregelmäßigkeiten in der Ausführung der geschnitzten Büffetverzierungen weisen darauf hin, daß diese Arbeiten in der Werkstatt Renzenbrinks von einem ausgebildeten Tischler ausgeführt wurden.
Die Halbfabrikate sind bei genauerer Betrachtung des Möbels an der Gleichförmigkeit der maschinenproduzier-

Abb. 53 Katalog der Firma *„Clemens Krapp, Bau- und Möbelverzierungen"*, Steinfeld i. Oldbg; 1913 (Archiv Msdf. Clp.)

ten Teile und anhand auftretender Farbnuancen erkennbar *(Abb.56)*: Der Holzton der vorgefertigten Möbelverzierungen fällt dunkler aus, als die Färbung der übrigen Büffetteile. Bei sämtlichen Drechslerarbeiten (z.B. Säulen, Halbsäulen, Dreiviertelsäulen, Dockengalerien, Kugelfüßen, Rosetten und Knöpfen) sowie bei den Profilleisten handelt es sich um gekaufte hölzerne Versatzstücke, die durch Einzapfen oder Aufleimen am Büffet-Kasten befestigt wurden.

Preisgünstiger als Versatzstücke aus Holz waren Halbfabrikate aus gegossener, gepreßter oder gestanzter Kunstholzmasse, wie sie 1844 auf der „Allgemeinen Ausstellung deutscher Gewerbs=Erzeugnisse in Berlin" als Applikationen an Spiegeln, Tischen, Sofas und Stühlen gezeigt wurden. Seit den siebziger Jahren umfaßte das Angebot auch Halbfabrikate aus gepreßter Zellulose. (152) Eine Spezialfirma für gepreßte Möbelverzierungen war die *„Thüringer Kunstholz-Manufactur" von B. Harras in Böhlen.* Harras betonte die Holzähnlichkeit und Dauerhaftigkeit seiner Artikel und empfahl eine reiche Auswahl von Ornamenten und Verzierungen: *„Plafond-, Rahmen-und Tapetenleisten, Eckstühle, Pilaster und Säulen-Capitäle, Conso-*

SOLON & Co.
Berlin S., Kommandantenstr. 31
(362)
Metallsärge, hermetisch ohne Einsatz verlöthbar.
Metallsärge mit Einsatzdeckel oder ganzem Einsatz für Grüfte.
Metallsärge mit Schmiede-T-Eisen-Konstruktion, unter Garantie gegen den Erddruck.
Alle Arten Sarg-Beschlag.
Griffe, Eisen- und Holz-Klauen.
Beschlag in Zinn, Papp, Weissblech u. galvanisch versilbert.

Mitbürger kauft vom **Handwerk!**
(329)
Christliche Genossenschaft der Berliner Schneidermstr.
Damen-Konfektion
Berlin C., Jerusalemerstr. 16, am Dönhoffsplatz.
Guter Sitz. Beste Ausführung. Mässige Preise.
Maass-Bestellungen u. Bestellungen von ausserhalb werden schnell erledigt.

Säge- u. Holzbearbeitungsmaschinen
(ausschliessliche Specialität seit 1859)
(534)
für Schneidemühlen, Zimmereien, Bau- u. Möbel-Tischlereien, Parquet-Kisten- und andere Holzbearbeitungsfabriken.
Übernahme ganzer Anlagen.
Dampfsparmotoren.
(System Friedrich).
Bester u. billigster Motor für die Kleinindustrie, von 1/2 bis 15 Pferdestärken; bis zu 6 Pferdestärken in bewohnten Räumen aufstellbar. Bereits mehrere hundert Stück im Betriebe.
Bandsäge.
Dampfsparmotor.
Maschinenfabrik **C. L. P. Fleck Söhne**, Berlin N., Chaussee-Strasse 31.

Fiedler & Faber,
Maschinenfabrik, Leipzig-Lindenau 2.
(99) Specialität:
Holzbearbeitungsmaschinen für Kraftbetrieb.
Holzbearbeitungsmaschinen für Fuß- und Handbetrieb.
Höchste Vollkommenheit. Größte Leistung.
Ausführung vollständiger maschineller Anlagen.
Preislisten umsonst u. postfrei.

Möbel-Ornamente, ganze Füllungen zum Einlegen im Rahmen, **Füllungen als Auflagen**, Mittelstücke, Kapitäle, **Console**, Quadern, Rosetten.
Muscheln für Aufsätze, **Löwenköpfe in allen Holzarten** mit Holzfournier fein geprägt, liefert
Hermann Aemilius, Holz-Ornamenten-Fabrik, Mühlhausen i. Thür.
Musterbücher, welche die Anwendung durch Möbelentwürfe vorführen, gegen Einsendung von Mk. 1,50 in Briefmarken, welcher Betrag bei Bestellung vergütet wird. — Vertreter in Berlin:
(86) **Richard Walther** SO. Adalbertstr. 73.

Anton Dörner, Leipzig-Reudnitz.
Holzbearbeitungs-Maschinenfabrik,
empfiehlt für das Tischlergewerbe seine Maschinen neuester Konstruktion insbesondere die bewährte
Kombinirte Tischler-Maschine.
Dieselbe erfordert zum Betrieb 2—3 Pferdestärken.
Die Maschine wiegt 1100 Ko. = 22 Ctr.
Eine große Anzahl ist seit fünf Jahren in Betrieb.
Sie ersetzt vollkommen einzelne Maschinen.
Ist 3—4 Mal billiger als einzelne Maschinen.
Die Umstellung von einem Zweck zum andern bedarf nur einer Minute.
Nur zwei Meter Transmission nöthig.
Nur sechs Treibriemen sind zum Betrieb der Anlage erforderlich.
Die Maschine hobelt Hölzer von 350—600 mm breit und 3—150 mm stark.
Außer Abrichten kann man fügen, nuthen, spunden, kehlen u. s. w.
Als Hobelmaschine mit selbstthätigem Vorschub pro Tag 2000 Quadrat-Meter hobeln.
Man kehlt mit selbstthätigem Vorschub pro Tag 1800 Meter Thürenverkl., Rahmenleist. 2c.
Die Kreissäge macht Blätter bis 350 mm Durchmesser zulässig.
Die Bandsäge hat 650 mm Rollendurchmesser und 400 mm Schnitthöhe.
Die Langlochbohrmaschine bohrt lange Löcher bis 25 mm weit und runde bis 50 mm Durchm.
Die Fraismaschine läßt Werkzeuge bis 300 mm Durchmesser zu.
Die Abricht-, Hobel- und Kehlmaschine bildet eine für sich bestehende Hauptmaschine.
Die übrigen Maschinen können beliebig angebracht und weggelassen werden.
Meine Abplattvorrichtung ist unübertroffen.
Apparate für Spezialzwecke sind zulässig.
Zahlreiche Referenzen vom In- und Auslande.
40 Seiten großer, illustrirter Katalog unentgeltlich zur Verfügung. (480)

F. Mattick, Pulsnitz (Sachs.)
Maschinenfabrik und Eisengiesserei.
Specialität: **Dampf-Motoren.**
Vorzüge:
Einfachheit, Raumersparniss. Billigste Betriebskosten. Billigster Preis. Feuerung auch mit Hobelspähnen.
(645) **Transmissionen, Dampfheizungs- und Trocken-Anlagen.**

Rolljalousieen verleimte □-Meter 5 Mark, auf Gurte □-Meter 5,50 Mk., mit Lichtschlitze □-Meter 1 Mark extra.
Thürbekleidungen, Kehlstösse, Fussleisten, Fussböden etc., sowie jede **Kehlarbeit** nach gegebenen Profilen.
Braun & Rinkel, Berlin SO.,
Kottbuser Ufer 17a.
Preiskourante und Zeichnungen gratis und franko.

Säge- und Holzbearbeitungs-Maschinen
(438) baut als alleinige Spezialität
E. Kiessling & Co., Leipzig-Plagwitz.
Neueste u. vorzüglichste Konstruktionen.
Grösste Leistungsfähigkeit.
Prämiirt auf allen beschickten Ausstellungen.
Uebernahme completter Einrichtungen.
Bevollmächtigter Ingenieur:
Paul Plötze, Berlin SO.,
Skalitzer-Strasse 45.

Billigste Bezugsquelle
für **astfrei, milde** Rothbuchen- und Erlen-Kanthölzer, Spezialität: Nur Tischlerwaare. Nur in Waggonladungen empfiehlt sich (481)
Theodor Flamme,
Sägewerk u. Holzwaarenfabrik,
Weringhausen bei Finnentrop.

Sarg- und Leichen-
Ausstattungs-Special-Fabrik,
„THANATESIA".
M. Kupffer, Berlin NO.
Bitte den umfangr. neu illustrirten Catalog zu verlangen.

Buchdruckerei von F. A. Günther & Sohn
Berlin W., Lützowstr. 6,
empfiehlt sich zu allen Druckarbeiten.

H. Pohl & Comp.,
Bronce- u. Zinkgusswaaren-Fabrik
Berlin SW.,
Alte Jacobstr. 21.
Gegründet 1845.
Fabrik für Bauornamente.
Spezialität: (476)
Kapitäle, Rosetten, Leisten, Luftgitter, Akroterien, Balustraden, Gothische Grabben etc.

Fabrik u. Engros-Handlung
sämmtlicher Artikel zur
Sargdekoration und Leichenbekleidung, Sargfüße, Sarggriffe, Sargbeschläge von Neusilber, Zinn, Blech, Pappe, (408)
Leichenkleider, Steppdecken, Leichenschuhe, Strümpfe, Handschuhe, Sammetkäppchen,
Sargspitzen mit und ohne Inschrift 2c. 2c.
Pottlitzer & Schwabach,
Berlin, Kaiserstraße 6/7.

Billardtuch
offerirt billigst (14)
W. Moebius, Burg b. Magdeburg.
Muster auf Wunsch.

Fournirpressen
jeder Größe, ein- und mehrspindlig, **Fournirböcke, eiserne Fournirbock-, Hobelbank- und Sesselschrauben, Leimknechte, Leimwärmapparate, eiserne Schraubzwingen**, liefert als Spezialität (456)
W. Sexauer, Hersfeld,
Maschinenfabrik und Eisengießerei.
Preislisten zu Diensten.

H. T. Ingwersen,
Hamburg, Eichholz 91.
Etablirt im Jahre 1862.
Fabrik und Lager von sämmtlichen **Werkzeugen für Tischler, Zimmerleute** 2c.
Preislisten stehen gratis und franko zur Verfügung. (472)
Versandt nach allen Plätzen des In- und Auslandes.

Verlag: F. A. Günther's Zeitungsverlag; Druck: F. A. Günther & Sohn. Berlin. Verantw. für den allgem. Theil: W. Dust; für den techn. Theil: A. Flemming, Berlin.
Hierzu zwei Beilagen, Zeichnung und Sorgenfrei Nr. 39.

Abb. 54 Annoncenteil der *„Deutschen Tischler Zeitung"* 19. Jg. (1892), Nr. 34.

Abb. 55 Büffet, Neo-Renaissance, um 1898
Kennzeichnung der Halbfabrikate

Abb. 56 Büffet, Neo-Renaissance, um 1898
Detailaufnahme: Halbfabrikate und Handschnitzerei

len und Füllungsornamente, Rosetten und Akroterien [=Giebelbekrönungen], *Spiegel- und Bilderrahmen etc. etc.*" (153) Für den Handwerker stellten diese Produkte bei der Gestaltung des Mobiliars eine ungeheuere Arbeitserleichterung dar. Der Tischler fertigte den Kasten, die Stilrichtung erhielt das Möbelstück durch die vorgefertigte Verzierung.

	Lebensziel	Soziale Lage	Lebensstil
Konservatives gehobenes Milieu 9%	Anerkannte Stellung in der Gesellschaft Erfülltes Privatleben, harmonisches Familenleben Materieller Erfolg, distinguierter Lebensrahmen	Überdurchschnittlich hohe Formalbildung Viele leitende Angestellte und Beamte sowie Selbständige und Freiberufler Hoher Anteil von Rentnern und Pensionären Hohe und höchste Einkommensklassen	Ablehnung alles Übertriebenen, Oberflächlichen Hohe Qualitätsansprüche Traditionsbezug und Kennerschaft (Stilsicherheit)
Kleinbürgerliches Milieu 26%	Es im Leben zu etwas bringen In geordneten Verhältnissen leben Bleibende Werte schaffen (eigenes Haus)	Überwiegend Hauptschule mit abgeschlossener Berufsausbildung Viele kleine und mittlere Angestellte und Beamte sowie kleine Selbständige und Landwirte Hoher Anteil von Rentnern und Pensionären Meist kleine bis mittlere Einkommen	Konventionalismus, Anpassung, Sicherheit Selbstbeschränkung, alles mit Maß und Ziel Bevorzugung zeitlos-gediegener Produkte
Traditionelles Arbeitermilieu 9%	Befriedigender Lebensstandard (ein gutes Auskommen haben) Sicherer Arbeitsplatz, gesichertes Alter Anerkannt sein bei Freunden, Kollegen, Nachbarn (Traditionelle Arbeiterkultur)	Überwiegend Hauptschulabschluß mit abgeschlossener Berufsausbildung Hoher Anteil an Facharbeitern und an-/ungelernten Arbeitern Überdurchschnittlich häufig Rentner Kleine und mittlere Einkommen	Pragmatisch-nüchterne Sicht der eigenen sozialen Lage Keine übertriebenen Konsumansprüche Bevorzugung solider, handfester und haltbarer Produkte
Traditionsloses Arbeitermilieu 10%	Anschluß halten an die materiellen Standards der breiten Mittelschicht	Geringe Formalbildung Überdurchschnittlich viele un-/angelernte Arbeiter hohe Arbeitslosigkeit Untere Einkommensklassen sind deutlich überrepräsentiert	Verdrängung der Zukunft, Konzentration auf das Hier und Heute Beschränkte finanzielle Möglichkeiten, »von der Hand in den Mund« Spontaner Konsumstil
Aufstiegs-orientiertes Milieu 24%	Beruflicher und sozialer Aufstieg (sich hocharbeiten) Vorzeigbare Erfolge haben Ansehen genießen	Häufig mittlerer Abschluß oder Hauptschule mit abgeschlossener Berufs-ausbildung Viele Facharbeiter und mittlere Angestellte, auch kleinere Selbständige/Freiberufler Meist mittlere bis hohe Einkommen	Orientierung an den Standards gehobener Schichten Erfüllung der Rollenerwartungen im Beruf und im sozialen Leben (nicht unangenehm auffallen) Prestigeorientierter Konsumstil, hohe Wertschätzung von Statussymbolen
Technokratisch-liberales Milieu 10%	Erfolgreich sein, hoher Lebensstandard Gezielte Planung von Karriere und Privat-leben (»Glück ist machbar«)	Überdurchschnittlich häufig mittlere bis höchste Formalbildung (Abitur, Studium) Viele Schüler und Studenten, höhere Angestellte und Beamte, mittlere bis größere Selbständige, Freiberufler Hohe und höchste Einkommen sind überrepräsentiert	Starkes Bedürfnis nach Selbstdarstellung (Stilavantgardismus, Kennerschaft) An neuen Trends orientierter Konsumstil Spielerische Momente der Alltagsbewäl-tigung (sich nicht zu Tode schuften, das Leben nicht zu ernst nehmen)
Hedonistisches Milieu (156) 10%	Freiheit, Ungebundenheit, Spontaneität (Ausbruch aus den Zwängen des Alltags) Das Leben genießen, intensiv leben Anders sein als die »Spießer«	Altersschwerpunkt bei den 15- bis 30-jährigen Überdurchschnittlich häufig geringe Formalbildung Viele Schüler und Auszubildende, hoher Anteil an Arbeitslosen, un-/angelernten Arbeitern, ausführenden Angestellten («Jobber«) Meist kleine bis mittlere Einkommen	Leben im Hier und Jetzt, kaum Lebens-planung Originalität, Unverwechselbarkeit, »Echtheit« sind wichtige Stilansprüche Faszination von Luxus und Konsum Spontaner Konsumstil
Alternatives Milieu 3%	Entfaltung der Persönlichkeit, Selbstverwirklichung Aufbau einer menschengerechten Welt (privat und gesellschaftlich) Intensive zwischenmenschliche Beziehungen	Deutliche Überrepräsentation der höchsten Bildungsstufen (Abitur, Hochschul-abschluß) Viele Schüler und Studenten, höhere Angestellte und Beamte sowie Freiberufler Sowohl geringe als auch hohe Einkommen sind überdurchschnittlich häufig vertreten	Abwertung materieller Berdürfnisse, stili-sierte Einfachheit, Konsumaskese Umweltbewußte Lebensführung (»neue Natürlichkeit«) Hohe Wertschätzung des Selbermachens (Möbel, Kleidung, Nahrung etc.) Rückzug in »alternative Idyllen«

KURZCHARAKTERISTIK DER SOZIALEN MILIEUS (vgl. Becker 1988/89, S. 9)

V. Wohnen heute - Einblicke

„Wohnwelten in Deutschland“

Die Studie *„Wohnwelten in Deutschland- Alltagsästhetik, Wohnphilosophien, Wohnstile“* erarbeitete die SINUS-Lebensweltforschung GmbH Heidelberg bis 1986 im Auftrag der Zeitschrift DAS HAUS. (154)
Die Resultate sollten dem Einrichtungsmarkt *„ein neues, praxisnahes Instrumentarium für die Zielgruppenplanung“* (155) bereitstellen. Ein aktuelles Schlagwort der Möbelbranche, *„Bei Möbeln ist der Trend, daß es keinen Trend mehr gibt“,* weist darauf hin, daß unterschiedliche Wunschwohnwelten, verschiedene Stilpräferenzen und geschmackliche Vorstellungen existieren. 'Wohnen 1988' läßt sich demnach nicht durch einen generellen Trend charakterisieren, sondern durch das Phänomen differenzierter Wohnwünsche. Man kann also nicht von einer einheitlichen Vorstellung vom idealen Wohnen ausgehen; es gibt heute verschiedene Trends, die sich bestimmten Bevölkerungsgruppen, den sogenannten *„sozialen Milieus“* zuordnen lassen.
Ausgangspunkt der SINUS-Untersuchung war daher der sogenannte *„Milieu-Ansatz“.* Der Begriff des „sozialen Milieus“ schließt im Unterschied zu einer traditionellen Schichteneinteilung eine inhaltliche Klassifikation ein. Grundlegende Wertorientierungen, die Lebensstil und Lebensstrategie bestimmen, gingen ebenso in die Analyse ein, wie Alltagseinstellungen zu Arbeit, Familie, Freizeit und Konsum oder Wunschvorstellungen, Ängste und Zukunftserwartungen.

Die Grundlage der SINUS-Untersuchung zum Einrichtungsverhalten der Bundesbürger stellte eine Repräsentativ-Befragung von 2.500 Personen im Alter zwischen 18 und 64 Jahren dar. Aus einem etwa 10.000 Fotos umfassenden Bildmaterial zum Thema 'Wohnen in Deutschland' wurden in einer Voruntersuchung 47 Wohnzimmerfotos ausgewählt, die das vorhandene Spektrum der Wohnstile quer durch alle Gruppen und sozialen Milieus repräsentieren. Dieser Bildersatz, den SINUS *„Wohnstil-Indikator“* nennt, wurde in der Repräsentativuntersuchung eingesetzt. Durch mathematisch-statistische Verfahren erfolgte die Gruppierung der Fotos zu sogenannten *„Stildimensionen“.*

Als Analyseresultat erhielt das SINUS-Institut ein Spektrum von acht verschiedenen Wohnstilen, die die Hauptlinien des Wohngeschmacks Ende der achtziger Jahre markieren (S. 72, 73):

Das Spektrum der Wohnstile, die Bevorzugung bestimmter „Stildimensionen“ in den verschiedenen „sozialen Milieus“ verdeutlicht folgende Tabelle:

DAS SPEKTRUM DER WOHNSTILE

Stildimension	Potential (Haushalte)	Kernzielgruppe
„Rustikalität“	14,7% (2,87 Mio.)	Kleinbürgerliches Milieu Traditionelles Arbeitermilieu
„Konventionelle Gemütlichkeit	14,0 % (2,81 Mio.)	Traditionelles Arbeitermilieu Kleinbürgerliches Milieu
„Antikonventionalismus“	13,0 % (2,54 Mio.)	Hedonistisches Milieu Alternatives Milieu
„Legere Gemütlichkeit	12,4 % (2,42 Mio.)	Keine Milieuschwerpunkte
„Stilsichere Modernität“	12,2 % (2,38 Mio.)	Technokratisch-liberales Milieu Aufstiegsorientiertes Milieu
„Nostalgie“	11,4 % (2,22 Mio.)	Konservativ gehobenes Milieu Alternatives Milieu, Technokratisch-liberales Milieu
„Bürgerliche Tradition“	11,3 % (2,20 Mio.)	Konservatives gehobenes Milieu
„Konformistische Modernität“	10,6 % (2,07 Mio.)	Alternatives Milieu, Traditionsloses Arbeitermilieu Aufstiegsorientiertes Milieu

DAS SPEKTRUM DER WOHNSTILE
(vgl. Becker 1988/89, S. 11)

ANTIKONVENTIONALISMUS
13,0%
2,54 Mio. Haushalte
Kernzielgruppe:
Hedonistisches Milieu
Alternatives Milieu

BÜRGERLICHE TRADITION
11,3%
2,20 Mio. Haushalte
Kernzielgruppe:
Konservativ gehobenes Milieu

LEGERE GEMÜTLICHKEIT
12,4%
2,42 Mio. Haushalte
Kernzielgruppe:
Keine Milieuschwerpunkte

KONFORMISTISCHE MODERNITÄT
10,6%
2.07 Mio. Haushalte
Kernzielgruppe:
Traditionsloses Arbeitermilieu
Aufstiegsorientiertes Milieu
Alternatives Milieu

DAS SPEKTRUM DER WOHNSTILE 1988 (vgl. Becker 1988/89, S. 12, 13)

RUSTIKALITÄT
14,7%
2,87 Mio. Haushalte
Kernzielgruppe:
Kleinbürgerliches Milieu
Traditionelles Arbeitermilieu

STILSICHERE MODERNITÄT
12,2%
2,38 Mio. Haushalte
Kernzielgruppe:
Technokratisch-liberales Milieu
Aufstiegsorientiertes Milieu

KONVENTIONELLE GEMÜTLICHKEIT
14,0%
2,81 Mio. Haushalte
Kernzielgruppe:
Traditionelles Arbeitermilieu
Kleinbürgerliches Milieu

NOSTALGIE
11,4%
2,22 Mio. Haushalte
Kernzielgruppe:
Konservativ gehobenes Milieu
Technokratisch-liberales Milieu
Alternatives Milieu

DAS SPEKTRUM DER WOHNSTILE 1988 (vgl. Becker 1988/89, S. 12, 13)

Zum Einrichtungsverhalten der „sozialen Milieus“: Beispiele aus dem Wohnzimmerbereich

Nicht alle Bevölkerungsgruppen lassen sich aber den vom SINUS-Institut ermittelten „Stildimensionen“ zuordnen. Zum Einrichtungsverhalten der achtziger Jahre gehört 'immer noch' oder 'wieder' Wohnen im „Stil“ des Historismus.

Bezugsstoffe bei Sitzmöbeln im Wohnzimmer/Wohnbereich*)
*) Angegeben sind die in den einzelnen Milieus deutlich überrepräsentierten Bezugsstoffe

	Konservatives gehobenes Milieu	Kleinbürgerliches Milieu	Traditionelles Arbeitermilieu	Traditionsloses Arbeitermilieu	Aufstiegsorientiertes Milieu	Technokratisch-liberales Milieu	Hedonistisches Milieu	Alternatives Milieu	Insgesamt
	%	%	%	%	%	%	%	%	%
Leinen								25	13
Cord			27				29		22
Velours		53		54					46
Wolle	14		15						11
Baumwolle							26		21
Brokat									7
Samt	11					12			7
Leder (glatt)	40					30			24
Wildleder						8			4
Alcantara			3						1
Bast								6	2
Anderes/keine Angabe						14		16	11

Sitzmöbel im Wohnzimmer/Wohnbereich*)
*) Angegeben sind die in den einzelnen Milieus deutlich überrepräsentierten Bestände

	Konservatives gehobenes Milieu	Kleinbürgerliches Milieu	Traditionelles Arbeitermilieu	Traditionsloses Arbeitermilieu	Aufstiegsorientiertes Milieu	Technokratisch-liberales Milieu	Hedonistisches Milieu	Alternatives Milieu	Insgesamt
Couch (2-Sitzer)						56	55		47
Couch (3-Sitzer)		68	69	71					65
Couch (größer als 3-Sitzer)	31								23
Liege/Bett						22	26	23	18
Sessel	94	95	92						89
Hocker	29				27	28			25
Sitzkissen			28					32	20
Sitzelement						13			9
Stuhl	61							64	51
Sessel (Unikat z.B. Fernsehsessel)	20		20						14
Anderes/nichts davon						8	7		5

Schrankmöbel im Wohnzimmer/Wohnbereich*)
*) Angegeben sind die in den einzelnen Milieus deutlich überrepräsentierten Bestände

	Konservatives gehobenes Milieu	Kleinbürgerliches Milieu	Traditionelles Arbeitermilieu	Traditionsloses Arbeitermilieu	Aufstiegsorientiertes Milieu	Technokratisch-liberales Milieu	Hedonistisches Milieu	Alternatives Milieu	Insgesamt
Schrankwand			67	60	58				54
Regalwand					25	29		34	20
Einzelner Schrank	40	39		43					35
Einzelnes Regal			24			23			19
Kommode						26		35	21
Sideboard, Anrichte, Kredenz	40	43							35
Highboard						7			5
Vitrine	28								20
Sekretär	18					14		13	9
Anderes/nichts davon						9	8		6

„SO WOHNEN DIE SOZIALEN MILIEUS“ (Auszug)
(vgl. Becker 1988/89, S. 11)

1980: Wohnen im „Stil“ des Historismus

In den Jahren 1978 bis 1981 erarbeitete Hermann Dettmer im Rahmen eines Pilotprojektes des Niedersächsischen Freilichtmuseums Museumsdorf Cloppenburg eine umfassende Bestandsaufnahme der materiellen Volkskultur (Möbel und Gerät) im Altlandkreis Bersenbrück (157). Das Material, das in Form einer umfangreichen Fotodokumentation vorliegt (158), enthält eine Serie von Aufnahmen zum Thema Historismus. *(Abb.57,58)*
Die Fotos belegen, daß man auch zu Beginn der achtziger Jahre des 20.Jahrhunderts in der noch heute existierenden 'guten Stube' mit nahezu kompletten Zimmereinrichtungen aus der zweiten Hälfte des 19.Jahrhunderts wohnt. Die Aufnahmen zeigen außerdem, wie sich dieses Mobiliar heutigen Wohnformen anpaßt, wie die Bewohner Historismus-Ensembles mit modernen Möbeln und Wohn-Accessoires wie Tapeten, Lampen, Gardinen oder Tischdecken der 1970er und 1980er Jahre kombinieren.
Nach den Kriterien, die das SINUS-Institut für das Wohnverhalten der Bundesbürger festlegte, kann die Bevölkerung der ländlichen Kleinregion dem *„konservativ gehobenen Milieu“* zugeordnet werden; ihr Einrichtungsstil stellt sich als Kombination der Stildimensionen *„Nostalgie“* und *„bürgerliche Tradition“* dar.

Abb. 57 Einrichtung für die 'gute Stube', Neo-Renaissance hergestellt um 1893 Wohnsituation 1980 (Ldkr. Osnabrück) (Foto: Archiv Msdf. Clp.)

Abb. 58 Einrichtung für die 'gute Stube', 'Flämischer Barock'
hergestellt Anfang des 20.Jahrhunderts Wohnsituation 1980 (Ldkr. Osnabrück)
(Foto: Archiv Msdf.Clp.)

Die Kontinuität des Wohnens mit Historismus-Mobiliar wird am Beispiel einer Stubeneinrichtung im 'Stil' des Neo-Rokoko deutlich, die sich im Besitz des Museumsdorfes Cloppenburg befindet. *(Abb.59)* (159)
Das Neo-Rokoko-Ensemble, das ein Major anläßlich seiner Hochzeit mit der Tochter eines Gutsbesitzers in der Kleinstadt Thorn (Westpreußens) erwarb, wurde hundert Jahre lang nahezu ohne Unterbrechung 'bewohnt'. (160) Während dieser Zeit richteten die jeweiligen Besitzer des Ensembles, das in der Familie weitervererbt wurde, ihre 'gute Stube' oder ihr Wohnzimmer mit den Möbeln ein. (161) Schließlich integrierte Anfang der 70er Jahre des 20.Jahrhunderts eine Familie aus Quakenbrück (Ldkr. Osnabrück) das Neo-Rokoko-Ensemble in ihre Wohnungseinrichtung. Im Wohnzimmer des Hauses wurden die Historismusmöbel, Einrichtungsgegenstände des Jugendstils und 'modernes' Mobiliar kombiniert. Mitte der 80er Jahre wollten die Besitzer in ihrer Wohnung mehr freien Raum gewinnen und entschieden sich daher, die Einrichtungsstücke der 2.Hälfte des 19.Jahrhunderts abzugeben. 1987 erwarb das Niedersächsische Freilichtmuseum Cloppenburg, das sich besonders im Rahmen

Abb. 59 Einrichtung für die 'gute Stube', Neo-Rokoko, um 1887
Erster Standort: Thorn (Westpreußen)
Letzter Standort: Quakenbrück (Ldkr. Osnabrück)
Sammlung Museumsdorf Cloppenburg Niedersächsisches Freilichtmuseum

des laufenden Projektes zur Erforschung einer regionalen Sozialgeschichte des Wohnens im 19. und beginnenden 20.Jahrhundert für Raumausstattungen aus der Zeit des Historismus interessiert, dieses Ensemble für seine Sammlungen.

Das Phänomen Historismus bleibt im Bereich des Wohnens also nicht auf die Popularität heute gefertigter 'Stilmöbel' oder auf Rezeptionen von Möbelformen oder Möbeltypen der 2.Hälfte des 19.Jahrhunderts (z.B. Thonetstühle) beschränkt. Das Einrichtungsverhalten der achtziger Jahre schließt auch Wohnen im 'Stil' des Historismus, Wohnen mit Möbeln aus der Zeit nach 1850, ein: Meist werden Einzelstücke wie Vertikos, Schreibtische oder Büffets mit 'modernen' Möbeln kombiniert; auch die Ausstattung des Wohnzimmers mit kompletten Zimmereinrichtungen aus der Epoche des Historismus ist jedoch keine Seltenheit.

Anmerkungen

(1) vgl. Hanke 1986, S.9.
(2) vgl. Conze 1982, S.18.
(3) ebd. S.18.
(4) vgl. Roters 1974, S.97.
Bedeutende Erfindungen des 19.Jahrhunderts waren
a. auf dem Gebiet des Verkehrswesens die Dampfmaschine (1765), der Heißluftballon (1783), die Eisenbahn (1829) oder der Verbrennungsmotor (1867);
b. auf dem Gebiet der Information der Steindruck (Lithographie 1797-1799), die Zylinder-Schnelldruckpresse (1802), die Fotografie (1822), der Telegraf (1837), das Telefon (1861) oder die Schreibmaschine (1866);
c. auf dem Gebiet der Physik und Chemie das Steinkohleleuchtgas (1792), die Polarisation des Lichts (1808) oder die Messung der Lichtgeschwindigkeit (1849).
(5) Unterstützt wurde dieser 'Boom' durch die fünf Milliarden Goldfrancs, die Frankreich als Verlierer des Deutsch-Französichen Krieges von 1870/71 an das Deutsche Reich zahlen mußte.
(6) vgl. Conze 1982, S.25.
(7) vgl. Benker 1984, S.59.
(8) vgl. Mundt 1981, Vorwort.
(9) vgl. Bahns, 1987, S.7.
(10) Zu den Arbeiten von Troeltsch, Heussi und Meinecke vgl. Literaturverzeichnis. Vgl. Bahns 1987, S.7.
(11) Zu den Arbeiten von Nipperdey und Schnädelbach vgl. Literaturverzeichnis. Vgl. Bahns 1987, S.7.
(12) 100 Jahre österreichisches Museum für angewandte Kunst, 1964/65.
(13) ebd. S.IX.
(14) ebd. S.V.
(15) vgl. Mundt 1973.
(16) vgl. Jedding 1977.
(17) vgl. Roters 1974.
(18) vgl. Hanke 1986.
(19) vgl. Historismus. Angewandte Kunst im 19.Jahrhundert, 1987.
(20) vgl. Ottenjann 1988, S.18.
Die folgenden Ausführungen beziehen sich auf Ottenjann 1988, S.22ff.
Schon für die Zeit um 1600 konnte im Oldenburger Ammerland und im Osnabrücker Artland eine vergleichbare Umbruchphase festgestellt werden: Die Produktion mittelalterlicher Möbeltypen ging zu Ende und unter dem Einfluß der Renaissance drangen neuartige Möbelformen und Möbeldekore in den ländlichen Raum ein, die bis zum Beginn des 19.Jahrhunderts maßgeblich blieben. Vgl. Jaspers/Ottenjann 1983, S.156.
(21) Schon im 18.Jahrhundert konnten im nordwestlichen Niedersachsen ca. 80% der Bevölkerung lesen und schreiben.
(22) vgl. dazu Ziessow 1988.
(23) vgl. Ottenjann 1988, S.24.
(24) Meier-Oberist, S.276.
(25) vgl. Ottenjann 1988, S.24f.
(26) Definition nach *Winkler (1987),* S.177: *„Prachtwerke waren großformatige, illustrierte Bücher oder Mappenwerke mit besonders aufwendiger Ausstattung hinsichtlich der Anzahl und Technik der Illustrationen, hinsichtlich der Papierqualitäten, hinsichtlich des Materials und der Gestaltung der Einbanddeckel. Der Preis lag normalerweise erheblich über vergleichbaren Gebrauchsgütern."* Diese Prunkbücher dienten fast ausschließlich der Repräsentation; zwischen 1875 und 1895 waren sie in jedem 'distinguierten' Salon aufgelegt.
(27) Sofern nicht anders vermerkt beziehen sich die folgenden Ausführungen in erster Linie auf Götz 1970.
(28) vgl. Bahns 1987, S.10.

(29) vgl. Götz 1970, S.205.
(30) vgl. Klingenburg 1985, S.21.
(31) vgl. Hanke 1986, S.9f.
(32) vgl. auch Klingenburg 1985, S.13.
(33) Götz 1970, S.211.
(34) vgl. Himmelheber 1973, S.131.
(35) Pevsner 1965, S.17f, zitiert nach: Götz 1970, S.209.
(36) vgl. Bahns 1987, S.29ff.
(37) Sofern nicht anders vermerkt beziehen sich die folgenden Ausführungen auf Bahns 1987, S.29 - 147.
(38) z.B. 1851: South-Kensington-Museum, London
1855: Bayerisches Nationalmuseum, München
1864: Österreichisches Museum für Kunst und Industrie, Wien
(39) vgl. Klingenburg 1985, S.16 S.19.
(40) vgl. Heinz 1964/65, S.XXVII.
(41) Lessing 1867 (Nationalzeitung, Besprechung der Weltausstellung am 6.8.1867), zitiert nach: Mundt 1981, S.30.
(42) vgl. Mundt 1981, S.31.
(43) vgl. Himmelheber 1973, S.161ff.
Bedeutende Weltausstellungen fanden in den darauffolgenden Jahren in Paris (1855, 1878, 1889, 1900), London (1862) und Wien (1873) statt.
(44) Tränkle 1972, S.14.
(45) vgl. Jacobeit 1987, S.244.
(46) vgl. Borscheid 1985, S.115.
(47) ebd. S.115ff.
(48) vgl. Brönner 1982, S.372.
(49) Stinde 1884, S.157, zitiert nach: Brönner 1982, S.373.
(50) vgl. Stille 1981, S.33ff.
(51) Äußerungen von Frau K., Quakenbrück (Ldkr. Osnabrück) und Frau M.-W., Nortrup (Ldkr. Osnabrück) zur Funktion der 'guten Stube'.
(52) z.B. Franz Werfel: Der veruntreute Himmel, Gütersloh 1959, S.95f., Hans Ludewig: Damals bei uns zu Haus, o.O. 1957, S.68f.
(53) Töpfer 1900, S.60, zitiert nach Brönner 1982, S.372.
(54) vgl. Weber-Kellermann 1983, S.121.
(55) vgl. Benker 1984, S.65, Roters 1974, S.146, Weber-Kellermann 1983, S.100.
(56) Eberhardt 1882, S.6.
(57) vgl. Tränkle 1972, S.19 und S.35.
(58) Tränkle 1972, S.35.
(59) Töpfer 1900, S.60, zitiert nach Brönner 1982, S.366 (Auslassungen im Zitat von Autorin)
(60) vgl. Brönner 1982, S.366.
(61) ebd. S.365.
(62) vgl. Mundt 1981, S.76f.
(63) Kessler 1962, S.145, zitiert nach Brönner 1982, S.372.
(64) vgl. Prospekt des „Moebel-Fabrikanten & Dekorateurs Ed. Wellhausen“ Hannover, Abb.11.
(65) vgl. dazu Hirth 1899, S.420f.
(66) Mothes 1880, nach Pieske 1979, S.258.
(67) vgl. Pieske 1979, S.258.
(68) vgl. Brönner 1982, S.368.
(69) vgl. Bahns 1987, S.181.
(70) vgl. Brönner 1982, S.368ff.
(71) vgl. von Falke 1871, Buchtitel.
(72) von Falke 1871, S.296 - 302 (Auslassungen im Zitat von Autorin).
(73) vgl. Deneke 1985, S.597.
(74) Definition nach *Meyers Konversations-Lexikon, Band 12 (1877),* S.453: *„Ottomane (franz. Ottomane), ein Sopha (s.d.) nach türkischer Art (vgl. Diwan), ohne Füße, ohne oder mit niedriger Rückenlehne und mit zwei cylindrischen niedrigen Seitenlehnen.“*
(75) Graef 1894, Vorwort.
(76) Chronik des Hofes Roeßmann-Salzsieder, Vehs (Ldkr. Osnabrück).
(77) Definition nach *Teynac/Nolot/Vivien 1982,* S.230: *„Lincrusta, Wandbekleidung auf Linoleumbasis, die 1860 von dem englischen Ingenieur Frederick Walton erfunden wurde. Die Prägetapeten zeichneten sich durch Widerstandsfähigkeit aus und waren abwaschbar.“*
(78) Mann 1975, S.8.
(79) Schilderung von Frau M.-W. (Nortrup), 1988.
(80) *„Dröppelminna“* (= Kranenkanne): Dreibeinige bauchige Kaffeekanne mit zwei Henkeln und ein bis drei Hähnen zum Abzapfen des Kaffees. Diese Kannenform war im 18. und 19. Jahrhundert im Altlandkreis Bersenbrück, im Bergischen Land, in Ostfriesland und den Niederlanden verbreitet.
(81) Semper 1883, zitiert nach Pieske 1979, S.258 (Auslassung im Zitat von Autorin).

(82) Die folgenden Ausführungen beziehen sich auf Pieske 1979.
(83) Gurlitt 1888, S.111, zitiert nach: Mundt 1981, S.77.
(84) Beispiele für großbürgerliche Bauten mit einzelnen erhaltenen Räumen: Die Villa Amalia in Wuppertal, das Haus Casalette in Aachen, das Haus Loh bei Stolberg oder Schloß Drachenburg bei Königswinter.
(85) vgl. dazu Brönner 1982, S.373.
(86) Angaben von Prof. Dr. Helmut Ottenjann, Cloppenburg.
(87) Diese Aufstellung der vermutlich in Höxter (Westfalen) erworbenen Möbel wurde 1905 - nach dem Tode von R. - für das Vormundschaftsgericht erforderlich und erfolgte durch die Fa. Gatermann in Duisburg.
(88) vgl. dazu Ottenjann/Wiegelmann 1982.
(89) vgl. Kap. „Carl Münnich, Tischler zu Quakenbrück".
(90) vgl. Forkel 1986, S.54, Ottenjann 1985, S.90.
(91) Albert Kohn war zunächst Geschäftsführer, später Direktor der Berliner Ortskrankenkasse.
(92) vgl. Asmus 1982.
(93) vgl. Kap. „1980: Wohnen im 'Stil' des Historismus", siehe auch Abb.60
(94) Nach Angaben von Frau K. lagen gehäkelte Deckchen zum Schutz der Möbel beispielsweise auf Büffet oder Konsoltisch; auf den Lehnen der Sitzmöbel befanden sich dagegen keine Schutzdeckchen.
(95) vgl. Synopse der Brautausstattungen.
(96) vgl. Seidel 1986, S.40.
(97) Schmoller 1870, S.99.
(98) vgl. Noll 1975, S.33, zitiert nach Seidel 1986, S.40.
(99) vgl. Kaufhold 1978, S.28.
(100) vgl. dazu Seidel 1986, S.41.
(101) vgl. Conze 1984, S.16.
(102) Zur Differenzierung von Klein- und Mittelbetrieb vgl. Meurer 1910, S.9.
(103) Sofern nicht anders vermerkt orientieren sich die allgemeinen Ausführungen zu den Kapiteln Handwerksbetrieb, Möbelfabrik und Verlag an Seidel 1986, S.40 - 78.
(104) Bestand Tischlerei Wilhelm Bunte, Schandorf, Archiv Museumsdorf Cloppenburg.
(105) 1884 war in Berlin mit den *„Städtischen Elektrizitäts-Werken"* das erste deutsche Elektrizitätswerk gegründet worden; schon vor der Jahrhundertwende existierten fast 100 Kraftwerke, die nahezu alle größeren Städte und stadtnahen Gebiete mit elektrischem Strom versorgten.
(106) vgl. Hauptbuch Münnich 1880-1888, Bestand Tischlerei Carl Münnich, Quakenbrück, Archiv Msdf. Clp.
(107) *„Infentur"*-Liste, Hauptbuch Münnich 1880-1888, Bestand Tischlerei Carl Münnich, Quakenbrück, Archiv Msdf. Clp.
(108) Belege für die Bahnverschickung der geforderten Produkte enthält das Hauptbuch Münnich 1880-1888 (Bestand Tischlerei Carl Münnich, Quakenbrück, Archiv Msdf. Clp). Mehrmals findet sich die Notiz *„Fracht nach der Bahn"*.
(109) Hauptbuch Münnich 1880-1888, Eintragung April 1880, Bestand Tischlerei Carl Münnich, Quakenbrück, Archiv Msdf. Clp.
(110) vgl. ebd.
(111) Krauth/Meyer 1902 (Reprint 1980), S.94.
(112) Werkstattbuch Münnich 1880-1899, S.249, Bestand Tischlerei Carl Münnich, Quakenbrück, Archiv Msdf. Clp.
(113) ebd. S.126.
(114) ebd. S.52.
(115) ebd. S.79.
(116) ebd. S.129.
(117) Hauptbuch Münnich 1880-1888, Eintragung 1881, Bestand Tischlerei Carl Münnich, Quakenbrück, Archiv Msdf. Clp.
(118) vgl. Lohnbuch Münnich 1899 bis 1924, Bestand Tischlerei Carl Münnich, Quakenbrück, Archiv Msdf. Clp.
(119) Erst Anfang des Jahres 1920 erhielt Quakenbrück Anschluß an das elektrische Stromversorgungsnetz. Diese relativ späte Entwicklung ist auf die Gründung einer privaten Gasanstalt für Glühlicht im Jahre 1900 und die kostspielige Übernahme des Gaswerkes durch die Stadt Quakenbrück im Jahr 1909 zurückzuführen. (Freundliche Auskunft von Herrn Heinrich Böning, Leiter des Stadtmuseums in Quakenbrück)

(120) vgl. Lindenhagen 1862, S.5 - 62, vgl. auch Seidel 1986, S.17.
(121) vgl. Musil 1897, S.188f, vgl. auch Seidel 1986, S.20.
(122) vgl. Weber-Kellermann 1983, S.121.
(123) vgl. Hansen 1970, S.71 und S.107.
(124) vgl. Aeschbacher 1985, S.10 - 12.
(125) vgl. Seidel 1986, S.66f.
(126) vgl. Maass 1901, S.73f., vgl. Pierstorff 1897, S.57.
(127) Hauptbuch Stolle 1911 ff., Eintragungen 1912, S.4, S.10, S.15, S.16, S.22 und S.24, Bestand Tischlerei Stolle, Oldenburg-Bürgerfelde, Archiv Msdf. Clp.
(128) ebd. S.10.
(129) ebd. S.6.
(130) ebd. S.10.
(131) ebd. S.26.
(132) ebd. S.9ff.
(133) ebd. S.15.
(134) ebd. S.10.
(135) ebd. S.7 und S.23. Hier finden sich Belege, daß Stolle auch *„Vertikows"* und *„Kleinmöbel"* als Fertigprodukte von Möbelfabriken bezog.
(136) vgl. Seidel 1986, S.67.
(137) Die Kennzeichnung der Tische erfolgte meist mittels eines Stempels an der Gestellunterseite.
(138) Bestand Tischlerei Wilhelm Bunte, Schandorf, Archiv Msdf. Clp.
(139) „Der Bazar. Illustrierte Damen-Zeitung" Nr.35 (1894), S.242.
(140) Zur allgemeinen Entwicklung der Möbelindustrie in Berlin vgl. Seidel 1986, S.72 - 74.
(141) Voigt 1895, S.379, zitiert nach: Seidel 1986, S.72f. (Auslassung im Zitat von Autorin).
(142) Festschrift der Berliner Kaufmannschaft 1870, S.108f., zitiert nach: Seidel 1986, S.72 (Auslassungen im Zitat von Autorin).
(143) Die Bahnstrecke Ocholt-Westerstede (7 km) wurde am 1.9.1876 eröffnet. Vgl. Pleitner 1900, S.214.
(144) vgl. Hauptbuch Stolle 1911ff., S.4 - 26, vgl. auch Kap. „Das erste Massenprodukt: Der Stuhl".
(145) vgl. ebd. S.3, S.7 und S.23.
(146) Analyse des Verkaufsprospektes einer Berliner Möbelfirma, des Prospektes der Möbelfabrik Dittmar in Berlin sowie der Werbeschrift des „Moebel- Fabrikanten und Dekorateurs Ed. Wellhausen" aus Hannover.
(147) vgl. Verkaufsprospekt einer Möbelfirma, Berlin, um 1880, Abb.52
(148) Zur Verwendung von Halbfabrikaten vgl. Seidel 1986, S.108 - 115.
(149) Ludwig 1891, S.11., zitiert nach: Seidel 1986, S.110
(150) Das Büffet ist Bestandteil der Stubeneinrichtung aus dem Artland (Ldkr. Osnabrück). Vgl. Abb.16.
(151) Krauth/Meyer 1902 (Reprint 1980), S.66f.
(152) vgl. Seidel 1986, S.113.
(153) Werbung der *„Kunstholz-Manufactur B. Harras"*. In: Offizieller Katalog der Kunstgewerbeausstellung zu Leipzig 1879. Vgl. auch Seidel 1986, Abb. S.112.
(154) Die folgenden Ausführungen beziehen sich auf Becker 1988/89. Das Forschungsprojekt des SINUS-Instituts besteht aus einer qualitativen Studie, die der Burda-Verlag 1986 veröffentlichte und der Repräsentativ-Untersuchung zu den Aspekten Zielgruppenpotentiale, Wohnstile der Bevölkerung, Basisdaten zur Wohnsituation, Ausstattung und Anschaffungsabsichten. Die Publikation der Repräsentativ-Untersuchung ist noch für das Jahr 1988 vorgesehen.
(155) Becker 1988/89, S.10.
(156) Definition nach dem *Duden-Lexikon, Band 2 (1972),* S.978: *„Hedonismus (gr.) ethische Lehre der griech. Philosophie, derzufolge das höchste Ziel alles menschlichen Weltverhaltens der Glückszustand der Seele ist."*
(157) Das mehrjährige Pilotprojekt zur materiellen Volkskultur im Altlandkreis Bersenbrück wurde vom Direktor des Niedersächsischen Freilichtmuseums Cloppenburg, Prof. Dr. Helmut Ottenjann, initiiert und von der Stiftung Volkswagenwerk finanziert. Der Schwerpunkt der Bestandsaufnahme lag auf der Möbelinventarisierung; ferner wurden Zinngeräte, Kupfer- und Messinggeschirr, Holzgeräte, Gefäße verschiedener Art, Herdgerät, Keramik und Wandschmuck erfaßt.
(158) Die Gesamtzahl der verzeichneten Objekte beträgt ca.11.000, darunter 4.000 Möbel und 6.029 Zinngegenstände. Ausführliche Beschreibungen ergänzen die Fotodokumentation. Vgl. dazu Schmidt 1987, S.23 - 30.

(159) Die folgenden Ausführungen basieren auf einem Interview mit der letzten Besitzerin des Mobiliars, Frau K. aus Quakenbrück (Ldkr. Osnabrück).

(160) vgl. Kap. „Historische Quellen zur Wohnkultur. Mündliche Zeugnisse: Interviews.“ Die einzige Unterbrechung fand in den Jahren 1944 bis etwa 1950/52 statt, als die letzte Besitzerin das Mobiliar, das nun einen Teil ihrer eigen Aussteuer darstellte, in die Bauerschaft Borg (Ldkr. Osnabrück) bringen ließ, um es dort vorübergehend zwischenzulagern.

(161) vgl. zu den Stationen und dem Arrangement der Möbel die Schilderung der letzten Besitzerin des Ensembles, Frau K. aus Quakenbrück (Ldkr. Osnabrück) in Kap. „Historische Quellen zur Wohnkultur. Mündliche Zeugnisse: Interviews.“

Literatur und Quellen

ADRESSBUCH für die Stadt und Feldmark Osnabrück 1876 bis 1877, hrsg. von G. Elstermann. Osnabrück 1876.

AMTLICHER KATALOG. Allgemeine Landes = Industrie = und Gewerbe = Ausstellung verbunden mit einer Nordwestdeutschen Kunst = Ausstellung und einer Ausstellung kunstgewerblicher Altertümer. Oldenburg im Großherzogtum 1905. Oldenburg 1905.

AESCHBACHER, Jörg: Dauerbrenner. Von Dingen, die perfekt auf die Welt kamen. Frankfurt/M./Berlin/Wien 1985.

ALFTER, Dieter: Historismus, Jugendstil und Funktionalismus. In: Feulner, Adolf: Kunstgeschichte des Möbels. Propyläen Kunstgeschichte. Sonderband III. Frankfurt, Berlin, Wien, Oldenburg 1980, S.315 - 337.

ASSEMACHER, Paul: Abgrenzung von Handwerksbetrieben gegen Fabrikbetriebe, unter besonderer Berücksichtigung des Tischlereigewerbes. Diss. Hamm 1929.

ASMUS, Gesine (Hg.): Hinterhof, Keller und Mansarde. Einblicke in Berliner Wohnungselend 1901-1920. Reinbek bei Hamburg 1982.

BAER, C.H. (Hg.): Deutsche Wohn- und Festräume aus sechs Jahrhunderten (= Bauformen-Bibliothek 6). Stuttgart 1912.

BAHNS, Jörn: Zwischen Biedermeier und Jugenstil. Möbel im Historismus. München 1987.

BANGERT, Albrecht: Gründerzeit. Kunstgewerbe zwischen 1850 und 1900. München 1976.

BANGERT, Albrecht: Thonet - Möbel. Die Geschichte einer großen Erfindung. München 1979.

BAUCHE, Ulrich: Rezeption städtisch-bürgerlicher Formen und regionale Sonderung im bürgerlichen Wohninventar der Elbmarschen. In: Wiegelmann, Günter (Hg.): Kultureller Wandel im 19.Jahrhundert (= Studien zum Wandel von Gesellschaft und Bildung im 19.Jahrhundert, Band 5), Göttingen 1971, S.72 - 82.

BAUER, Adolf: Bericht über Zimmereinrichtungen und Möbel in der deutschen Abteilung der Brüsseler Weltausstellungen. In: Gemeinnützige Monatsschrift 60.Jg. (1910) Nr.10, S.97 - 99.

BECKER, Ulrich: „SINUS-Lebensweltforschung“ (Nach einem Vortrag, gehalten auf dem Marketingtag der internationalen Möbelmesse in Köln am 19.1.1988). In: Kursbuch „textil“, 1988/89, S. 8 - 13.

BENKER, Gertrud: Bürgerliches Wohnen. München 1984.

BORSCHEID, Peter: Städtisches Wohnen und soziale Schichtung. Einführung. In: Teuteberg, Hans Jürgen (Hg.): Homo habitans. Zur Sozialgeschichte des ländlichen Wohnens in der Neuzeit. Münster 1985, S.115 - 117.

BRÖNNER, Wolfgang: Schichtenspezifische Wohnkultur - die bürgerliche Wohnung des Historismus. In: Mai, Ekkehard / Pohl, Hans / Waetzoldt, Stephan (Hg.): Kunstpolitik und Kunstförderung im Kaiserreich. Kunst im Wandel der Sozial- und Wirtschaftsgeschichte. (= Kunst, Kultur und Politik im Deutschen Kaiserreich, Band 2). Berlin 1982, S.361 - 378.

CONZE, Werner: Das deutsche Kaiserreich 1871-1918. Wirtschaftlich-soziale Bedingungen. In: Mai, Ekkehard / Pohl, Hans / Waetzoldt, Stephan: Kunstpolitik und Kunstförderung im Kaiserreich. Kunst im Wandel der Sozial- und Wirtschaftsgeschichte. (= Kunst, Kultur und Politik im Deutschen Kaiserreich, Band 2). Berlin 1982, S.15 - 33.

DAVIDIS, Henriette: Die Hausfrau. Praktische Anleitung zur selbständigen und sparsamen Führung des Haushalts. Leipzig[3] 1865.

DENEKE, Bernward: Fragen der Rezeption bürgerlicher Sachkultur bei der ländlichen Bevölkerung. In: Wiegelmann, Günter (Hg.): Kultureller Wandel im 19.Jahrhundert. (= Studien zum Wandel von Gesellschaft und Bildung im 19.Jahrhundert, Band 5). Göttingen 1973, S.50 - 71.

DERS.: Vom Wohnen und von der Haushaltsführung. In: Leben und Arbeiten im Industriezeitalter. Ausstellungskatalog. Nürnberg 1985, S.595 - 616.

DER BAZAR. Illustrierte Damen = Zeitung, 40.Jg. (1894) Nr.21 und Nr.26.

DETTMER, Hermann: Flächendeckende Inventarisierung volkstümlicher Möbel und Geräte im Altkreis Bersenbrück. In: Rheinisch-westfälische Zeitschrift für Volkskunde 26/27 (1981/82), S.277 - 281.

DERS.: Volkstümliche Möbel aus dem Artland und den angrenzenden Gebieten. Stollentruhen. Kastentruhen. Koffertruhen. Laden. 2 Bände. Textteil (I) und Bildteil (II). (= Materialien zur Volkskultur nordwestliches Niedersachsen, Band 6 und 7). Cloppenburg 1982.

DEUTSCHE TISCHLERZEITUNG 14.Jg. (1887) Nr.34, 15.Jg. (1888) Nr.11, Nr.45 und 48, 23.Jg. (1896) Nr.10.

DUDEN-LEXIKON in 3 Bänden, hrsg. von der Lexikonredaktion des Bibliographischen Instituts. Band 2, G-O. Mannheim 1972.

EBERHARDT, Franz: Der gute Ton in allen Lebenslagen. Ein Handbuch für den Verkehr in der Familie, in der Gesellschaft und im öffentlichen Leben. Berlin [6]1882.

ECKSTEIN, Hans: Der Stuhl. Funktion - Konstruktion - Form. Von der Antike bis zur Gegenwart. München 1977.

FALKE, Jacob: Geschichte des Modernen Geschmacks. Leipzig 1866.

FALKE, Jacob von: Aesthetik des Kunstgewerbes. Ein Handbuch für Haus, Schule und Werkstätte. Stuttgart 1883.

DERS.: Die Kunst im Hause. Geschichtliche und kritisch - aesthetische Studien über die Decoration und Ausstattung der Wohnung. Wien 1871.

FESTSCHRIFT zur Feier des 50jährigen Bestehens der Korporation der Berliner Kaufmannschaft am 2. März 1870, hrsg. von den Aeltesten der Kaufmannschaft (=Beiträge zur Geschichte des Berliner Handels und Gewerbefleisses aus der ältesten Zeit bis in unsere Tage). Berlin 1870.

FISCHER, Wolfram: Wirtschaft und Gesellschaft im Zeitalter der Industrialisierung. Aufsätze - Studien - Vorträge (= Kritische Studien zur Geschichtswissenschaft, Band 1). Göttingen 1972.

FORKEL, Martina: Die Werkstattbücher der Schreinerei Ruckdeschel in Wunsiedel ab 1874. (= Veröffentlichungen zur Volkskunde und Kulturgeschichte, Band 26). Würzburg 1987.

FRED, W.: Die Wohnung und ihre Ausstattung. Leipzig/ Bielefeld 1903.

GÖTZ, Wolfgang: Historismus. Ein Versuch zur Definition des Begriffes. In: Zeitschrift des Deutschen Vereins für Kunstwissenschaft 24 (1970), S.196 - 212.

GRAEF, August: Der Möbeltischler für das bürgerliche Wohnhaus in allen seinen Räumen. Vorlagen zu Möbeln für Wohn-, Speise- und Schlafzimmer, Gesellschafts- und Arbeitszimmer für Toilette, Garderobe, Vorsaal, Comptoir, Küche usw. in den modernsten und gangbarsten Formen. Weimar ^{2}1882.

GRAEF, August: Der Landtischler. Entwürfe zu einfachen Möbeln für das Haus des Bürgers und Landmannes. Weimar 1894.

GRIMM, Klaus (Hg.): Aufbruch ins Industriezeitalter. Katalog zur gleichnamigen Ausstellung in Augsburg. München/Oldenburg 1985

GROTE, L. (Hg.): Historismus und bildende Kunst. Vorträge und Diskussionen im Oktober 1965 in München und Schloß Anif. (= Studien zur Kunst des 19.Jahrhunderts, Band 1). München 1965.

GÜNTHER, Sonja: Das deutsche Heim. Luxusinterieurs und Arbeitermöbel von der Gründerzeit bis zum „Dritten Reich". Gießen 1984.

GURLITT, Cornelius: Im Bürgerhause. Plaudereien über Kunst, Kunstgewerbe und Wohnungs - Ausstattung. Dresden 1888.

HAENEL, Erich / TSCHARMANN, Heinrich (Hg.): Die Wohnung der Neuzeit. Leipzig 1908.

HAGER, Werner / KNOPP, Norbert (Hg.): Beiträge zum Problem des Stilpluralismus. (= Studien zur Kunst des 19.Jahrhunderts, Band 38). München 1977.

HAMANN, Richard / JOST, Hermann: Gründerzeit. (= Epochen deutscher Kultur von 1870 bis zur Gegenwart, Band 1. Sammlung Dialog, Band 54). München 1971.

HAMMER, Walter / MICHELBERGER, Karin / SCHREM, Wilfried: Deutsche Gußeisenöfen u. Herde. Neu - Ulm 1984.

HANKE, Reinhold und August: Westerwälder Steinzeug. Historismus-Jugendstil. Keramikmuseum Westerwald. Deutsche Sammlung für historische und zeitgenössische Keramik. Höhr - Grenzhausen. Ausstellung vom 30. November 1986 bis 1. März 1987. Montabaur 1986.

HANSEN, Hans-Jürgen (Hg.): Das pompöse Zeitalter. Oldenburg und Hamburg 1970.

HEINZ, Dora: Zum Problem des Historismus in Österreich. In: Hundert Jahre Österreichisches Museum für angewandte Kunst. Wien 1964/65, S.XXVII - XXXIII.

HENNING, Friedrich-Wilhelm: Die Industrialisierung in Deutschland 1800 bis 1914. Paderborn 1976.

HEUSSI, Karl: Die Krisis des Historismus. Tübingen 1932.

HIMMELHEBER, Georg: Klassizismus, Historismus, Jugendstil. (= Die Kunst des deutschen Möbels, Band 3). München 1973.

HINZ, Sigrid: Innenraum und Möbel. Von der Antike bis zur Gegenwart. Berlin 1976.

HIRTH, Georg: Das Deutsche Zimmer vom Mittelalter bis zur Gegenwart. Vierte unter Mitwirkung von Karl Rösner erweiterte Auflage in zwei Bänden. München, Leipzig ^{4}1899.

HISTORISMUS. Angewandte Kunst im 19.Jahrhundert. Band 1. Essays. Künstler und Firmen. Schmuck. Kleinplastik, hrsg. von den Staatlichen Kunstsammlungen Kassel, Abt. Kunsthandwerk und Plastik, anläßlich der Sonderausstellung des Bestandes „Historismus" im Ballhaus. Kassel, 14. Juni - 18. Oktober 1987. Kassel 1987.

HUBER, Anton: Allerlei Schreinerwerk. Entwürfe Moderner Möbel im Style Deutscher Renaissance. 1.Serie 1.Teil, 2.Serie Berlin o.J.

HUNDERT Jahre Österreichisches Museum für angewandte Kunst. Wien 1964/65.

IKEA-Katalog 1988/89.

JACOBEIT, Sigrid / JACOBEIT, Wolfgang: Illustrierte Alltagsgeschichte des deutschen Volkes 1810-1900. Köln 1987.

JASPERS, Friedrich-Wilhelm / OTTENJANN, Helmut: Volkstümliche Möbel aus dem Ammerland. Stollentruhen. Kastentruhen. Koffertruhen. 2 Bände, Textteil (I) und Bildteil (II). (= Materialien zur Volkskultur nordwestliches Niedersachsen, Band 4 und 5). Cloppenburg 1983.

JEDDING, Hermann u.a.: Historismus in Hamburg und Norddeutschland. Hohe Kunst zwischen Biedermeier und Jugendstil. Ausstellungskatalog. Hamburg 1977.

KAUFHOLD, Karl-Heinrich: Umfang und Gliederung des Handwerks um 1800. In: Abel, Wilhelm (Hg.): Handwerksgeschichte in neuerer Sicht. (= Göttinger Handwerkswirtschaftliche Studien, Band 16). Göttingen ^{2}1978, S.27 - 63.

KESSLER, Harry Graf: Gesichter und Zeiten. Berlin 1962 (Erstauflage 1935).

KIENDL, Max: Formenkreis der Möbelschreinerei vom Mittelalter bis zur Neuzeit. München 1898.

KLINGENBURG, Karl-Heinz (Hg.): Historismus. Aspekte zur Kunst im 19.Jahrhundert. Leipzig 1985.

DERS.: Statt einer Einleitung: Nachdenken über Historismus. In: Klingenburg, Karl-Heinz (Hg.): Historismus. Aspekte zur Kunst im 19.Jahrhundert. Leipzig 1985, S.7 - 29.

KOMMER, Bjoern: Wohnverhältnisse - Bürgerliche Wohnkultur. In: Kunst und Kultur Lübecks im 19.Jahrhundert. Lübeck 1981, S.182 - 214.

KRANICH, Margaretha / MAIER, Mechthilde: Die wohlberathene Hausfrau in Stadt und Land. Oder: Vollständige und zuverlässige Belehrung über Alles, was eine Hausfrau wissen soll und muß, wenn sie ihr und ihren Wohlseyn und Glück begründen will. Lindau 1864.

KRAUTH, Theodor / MEYER, Franz Sales: Die gesamte Möbelschreinerei. Mit besonderer Berücksichtigung der kunstgewerblichen Form. Leipzig ^{4}1902, Reprint Hannover 1980 (zusammengefaßte Ausgabe der Bände 1 und 2).

LEBEN UND ARBEITEN IM INDUSTRIEZEITALTER. Eine Ausstellung zur Wirtschafts- und Sozialgeschichte Bayerns seit 1850. Nürnberg 1985.

LESSING, Julius: Besprechung der Weltausstellung. In: Nationalzeitung vom 6.8.1867.

LINDENHAGEN, Julius: Die zur Bearbeitung des Holzes angewandten Werkzeug - Maschinen. (= Neuer Schauplatz der Künste und Handwerke 69). Weimar 1862.

LINNENKAMP, Rolf: Die Gründerzeit 1835-1918. München 1976.

LUDEWIG, Hans: Damals bei uns zu Haus, o.O. 1957.

LUDWIG, Carl Wilhelm: Der praktische Tischler. Wegweiser zur Selbständigkeit. Rathgeber, Lehr- und Hilfsbuch für Tischler und andere Holzarbeiter. Nordhausen 1891.

LUTHMER, Ferdinand: Malerische Innenräume aus Gegenwart und Vergangenheit. Frankfurt o.J. (ca. 1890).

MAASS, Ludlof: Der Einfluß der Maschine auf das Schreinergewerbe in Deutschland. Ein Beitrag zur Kenntnis des Kampfes der gewerblichen Betriebsformen. (= Münchner Volkswirtschaftliche Studien, Band 44). Stuttgart 1901.

MAAß, Bernhard: Möbelproduktion und Möbelkosumtion, ein Vergleich der Vor- und Nachkriegszeit. Diss. Frankfurt 1923.

MAGNUM. Zeitschrift für das moderne Leben. „Der Großvater", Heft 40 (1962).

MAI, Ekkehard / POHL, Hans / WAETZOLDT, Stephan: Kunstpolitik und Kunstförderung im Kaiserreich. Kunst im Wandel der Sozial- und Wirtschaftsgeschichte. (= Kunst, Kultur und Politik im Deutschen Kaiserreich, Band 2). Berlin 1982.

MANG, Karl: Geschichte des modernen Möbels. Von der handwerklichen Fertigung zur industriellen Produktion. Stuttgart 1978.

MANN, Thomas: Bekenntnisse des Hochstaplers Felix Krull. Der Memoiren erster Teil. Frankfurt/M. 1975.

MEIER-OBERIST, Edmund: Kulturgeschichte des Wohnens im abendländischen Raum. Hamburg 1958.

MEYER, A.G. / GRAUL, R.: Tafeln zur Geschichte der Möbelformen. Leipzig 1902-1911.

MEYERS KONVERSATIONS-LEXIKON. Eine Encyklopädie des allgemeinen Wissens. Mit geographischen Karten, naturwissenschaftlichen und technologischen Abbildungen. Zwölfter Band. Ney - Plünderung. Leipzig ^{3}1877.

MEINECKE, Friedrich: Die Entstehung des Historismus. 2 Bände. München - Berlin 1936.

MEURER, Albert: Das deutsche Tischlergewerbe. Diss. Münster. M. Gladbach 1910.

MORGENSTERN, Lina: Der häusliche Beruf. Berlin 1897.

MOTHES, Otto: Unser Heim im Schmuck der Kunst. Leipzig ^{2}1880.

MUNDT, Barbara: Historismus. Kunsthandwerk und Industrie im Zeitalter der Weltausstellungen. (= Kataloge des Kunstgewerbemuseums Berlin, Band 7). Berlin 1973.

MUNDT, Barbara: Historismus. Kunstgewerbe zwischen Biedermeier und Jugendstil. München 1981.

MUSIL, Alfred: Die Motoren für Gewerbe und Industrie. Braunschweig 1897.

MUTHESIUS, Stephan: Das englische Vorbild. Eine Studie zu den deutschen Reformbewegungen in Architektur, Wohnbau und Kunstgewerbe im späten 19.Jahrhundert. (= Studien zur Kunst des 19. Jahrhunderts, Band 26). München 1974.

NIETHAMMER, Lutz (Hg.): Wohnen im Wandel. Beiträge zur Geschichte des Alltags in der bürgerlichen Gesellschaft. Wuppertal 1979.

NIPPERDEY, Thomas: Historismus und Historismuskritik heute. Bemerkungen zur Diskussion. In: Gesellschaft, Kultur, Theorie. Gesammelte Aufsätze zur neueren Geschichte. Göttingen 1976, S.59.

NOLL, Adolf: Sozio-ökonomischer Strukturwandel des Handwerks in der zweiten Phase der Industrialisierung unter besonderer Berücksichtigung der Regierungsbezirke Arnsberg und Münster. (= Studien zum Wandel von Gesellschaft und Bildung im 19.Jahrhundert, Band 10). Göttingen 1973.

OFFIZIELLER KATALOG der Kunstgewerbeausstellung zu Leipzig 1879.

OLLIGS, Heinrich (Hg.): Tapeten. Ihre Geschichte bis zur Gegenwart. Band II: Fortsetzung der Tapeten - Geschichte. Braunschweig 1970.

OTTENJANN, Helmut / WIEGELMANN, Günter (Hg.): Alte Tagebücher und Anschreibebücher. Quellen zum Alltag der ländlichen Bevölkerung in Nordwesteuropa. (= Beiträge zur Volkskultur in Nordwestdeutschland, Heft 33). Münster 1982.

OTTENJANN, Helmut: Ergebnisse aus Analysen von Handwerker-Anschreibebüchern. In: Kieler Blätter zur Volkskunde XVII (1985), S.85 - 125.

DERS.: Beginn, Wandel und Ende regionaler Kulturausprägung. In: Wiegelmann, Günter (Hg.): Wandel der Alltagskultur seit dem Mittelalter. Tagungsbericht, Münster. (= Beiträge zur Volkskultur in Nordwestdeutschland, Band 55). Münster 1987, S. 223 - 251.

DERS.: Erforschung und Dokumentation der historischen Volkskultur Niedersachsens. Cloppenburg ²1988.

PEVSNER, Nikolaus: Möglichkeiten und Aspekte des Historismus. Versuch einer Frühgeschichte und Typologie des Historismus. In: Grote, L. (Hg.): Historismus und bildende Kunst. Vorträge und Diskussionen im Oktober 1963 in München und Schloß Anif. (= Studien zur Kunst des 19.Jahrhunderts, Band 1). München 1965.

PIERSTORFF, Julius: Drei Jenaer Handwerke. In: Schriften des Vereins für Socialpolitik. Band 70. Leipzig 1897, S.1 - 69.

PIESKE, Christa: Wandschmuck im bürgerlichen Heim um 1870. In: Niethammer, Lutz (Hg.): Wohnen im Wandel. Beiträge zur Geschichte des Alltags in der bürgerlichen Gesellschaft. Wuppertal 1979, S.252 - 270.

DIES.: Bilder für jedermann. Wandbilddrucke 1840-1940 (mit einem Beitrag von Konrad Vanja). (= Schriften des Museums für Deutsche Volkskunde Berlin, Band 15). Berlin 1988.

PLEITNER, Emil: Oldenburg im neunzehnten Jahrhundert. 2.Band. Von 1848-1900. Oldenburg 1900.

RICHTER, Gerhard: Die gute alte Zeit im Bild. Alltag im Kaiserreich. Sonderausgabe. München 1988.

ROH, Franz: Der Wohnraum in der Europäischen Malerei. (= Wohnkunst und Hausrat/Einst und Jetzt 20). Darmstadt 1955.

VON ROHR, Alheidis: Bürgerliche Wohnkultur des 19.Jahrhunderts in Hannover. Begleitheft zur Ausstellung im Historischen Museum Hannover 1987. Hannover 1987.

ROSNER, Karl: Das Deutsche Zimmer im 19.Jahrhundert. Eine Darstellung desselben im Zeitalter des Klassicismus, der Biedermeierzeit, der rückblickenden Bestrebungen und der neuen Kunst. Mit einem Nachwort von Georg Hirth. (= Hirth, Georg: Das Deutsche Zimmer vom Mittelalter bis zur Gegenwart, Band 2). München, Leipzig ⁴1899.

ROTERS, Eberhard: Aspekte der Gründerzeit. Ausstellung in der Akademie der Künste vom 8. September bis zum 24. November 1974. Berlin 1974.

SCHMIDT, Anke: Zinnproduktion und Zinngießerwerkstätten im Artland und in den angrenzenden Gebieten. Ein Projektbericht. In: Mitteilungsblatt Museumsverband Niedersachsen und Bremen e.V. 32 (1987), S.23 - 30.

SCHMOLLER, Gustav: Zur Geschichte der deutschen Kleingewerbe im 19.Jahrhundert. Statistische und nationalökonomische Untersuchungen. Halle 1870.

SCHNÄDELBACH, Herbert: Geschichtsphilosophie nach Hegel. Die Probleme des Historismus. Freiburg/ München 1974.

SCHWAB, Alexander: Der Einfluß der Konsumtion auf Möbelindustrie und Möbelhandel Deutschlands. Diss. Heidelberg 1914.

SCHWENKE, F. (Hg.): Gründerzeit. Möbel- und Zimmereinrichtungen. 2 Bände. Berlin 1881 und 1884, Reprint 1985 (zusammengefaßte Ausgabe der Bände 1 und 2).

SEIDEL, Joachim: Möbelherstellung und Möbelhandel 1850-1914 mit Ausblicken auf Unterfranken. (= Veröffentlichungen zur Volkskunde und Kulturgeschichte, Band 21). Würzburg 1986.

SELLE, Gert: Die Geschichte des Design in Deutschland von 1870 bis heute. Entwicklung der industriellen Produktkultur. Köln ^{2}1978.

SEMPER, Gottfried: Erfindungen der neuesten Zeit. Leipzig 1883.

SONDER-KATALOG FÜR MÖBEL. N. Israel, Berlin. Berlin (um 1905).

STILLE, Eva: Häusliches Leben. Fotos von bürgerlichen Wohnräumen. In: Fotogeschichte 1.Jg. Heft 2 (1981), S.33 - 44.

STINDE, Julius: Die Familie Buchholz. Aus dem Leben der Hauptstadt. Berlin 1884.

TEUTEBERG, Hans J. / WISCHERMANN, Clemens: Wohnalltag in Deutschland 1850-1914. Bilder - Daten - Dokumente (= Studien zur Geschichte des Alltags, Band 3). Münster 1985.

TEUTEBERG, Hans-Jürgen: Homo habitans. Zur Sozialgeschichte ländlichen Wohnens in der Neuzeit. (= Studien zur Geschichte des Alltags, Band 4). Münster 1985.

TEYNAC, Francoise / NOLOT, Pierre / VIVIEN, Jean-Denis: Die Tapete. Raumdekoration aus fünf Jahrhunderten. Geschichte. Material. Herstellung. (Vorwort Ernst Wolfgang Mick). München 1982.

THORNTON, Peter: Innenarchitektur in drei Jahrhunderten. Die Wohnungseinrichtung nach zeitgenössischen Zeugnissen von 1620-1920. Herford 1985.

TÖPFER, August: Das Wohnliche in der Wohnung. In: Mitteilungen des Gewerbe-Museums zu Bremen 15.Jg. (1900), S.57ff.

TRÄNKLE, Margret: Wohnkultur und Wohnweisen. (= Untersuchungen des Ludwig Uhland Instituts der Universität Tübingen, Band 32). Tübingen 1972.

TROELTSCH, Ernst: Der Historismus und seine Probleme. Tübingen 1923.

VOIGT, Paul: Das Tischlergewerbe in Berlin. In: Schriften des Vereins für Socialpolitik, Band 65. Leipzig 1895, S.324 - 498.

WEBER-KELLERMANN, Ingeborg: Frauenleben im 19.Jahrhundert. Empire und Romantik, Biedermeier, Gründerzeit. München 1983.

WERFEL, Franz: Der veruntreute Himmel. Gütersloh 1959.

WIEGELMANN, Günter (Hg.): Kultureller Wandel im 19.Jahrhundert (= Studien zum Wandel von Gesellschaft und Bildung im 19.Jahrhundert, Band 5). Göttingen 1973.

DERS.: (Hg.): Kulturelle Stadt - Land - Beziehungen in der Neuzeit (= Beiträge zur Volkskultur in Nordwestdeutschland, Heft 9). Münster 1978.

WINKLER, Kurt: Prachtwerke. Die illustrierten Prunkbücher des Historismus. In: Die Kunst der Illustration. Deutsche Buchillustrationen des 19.Jahrhunderts. Ausstellung im Zeughaus der Herzog August Bibliothek Wolfenbüttel vom 12. November 1986 - 22. März 1987 (=Ausstellungskataloge der Herzog August Bibliothek Wolfenbüttel, Nr.54). Weinheim 1986.

ZIESSOW, Karl-Heinz: Ländliche Lesekultur im 18. und 19.Jahrhundert. Das Kirchspiel Menslage und seine Lesegesellschaften 1790–1840. 2 Bände. Textteill (I) und Dokumente und Kommentare (II). (=Materialien zur Volkskultur nordwestliches Niedersachsen, Band 12 und 13). Cloppenburg 1988.

ZINN, Hermann: Entstehung und Wandel bürgerlicher Wohngewohnheiten und Wohnstrukturen. In: Niethammer, Lutz (Hg.): Wohnen im Wandel. Beiträge zur Geschichte des Alltags in der bürgerlichen Gesellschaft. Wuppertal 1979.

Abbildungsnachweis

Abb. 3	Himmelheber 1973, Abb. 540
Abb. 4	Bahns 1987, Abb. 15, S. 47
Abb. 5	Himmelheber 1973, Abb. 768
	Bahns 1987, Abb. 39, S. 73
Abb. 10	Bildarchiv Preußischer Kulturbesitz Berlin
Abb. 15	Thornton 1985, Abb. 468, S. 350
Abb. 23	Bahns 1987, Abb. 107, S. 168
	Pieske 1988, S. 40
Abb. 24	Asmus 1982, Abb. S. 96 (s. a. S. 228)
Abb. 32	Benker 1984, Abb. 255, S. 188
Abb. 33	Asmus 1982, Abb. S. 103 (s. a. S. 229)
Abb. 34	Asmus 1982, Abb. S. 208 (s. a. S. 240)

Ungedruckte Quellen

Archiv Museumsdorf Cloppenburg - Niedersächsisches Freilichtmuseum

Bestand Tischlerei Carl Münnich, Quakenbrück 1880ff.
Bestand Tischlerei Wilhelm Bunte, Schandorf 1883ff.
Bestand Tischlerei Stolle, Oldenburg-Bürgerfelde, 1885ff.
Bestand Tischlerei Bremer, 1913 ff
Bestand Tischlerei Jansen, Rastede.

Gedruckte Quellen

Archiv Museumsdorf Cloppenburg - Niedersächsisches Freilichtmuseum

Katalog der Firma Clemens Krapp, Bau- und Möbelverzierungen, Steinfeld i. Oldb., 1913
Preis-Courant der Zwickauer Stuhlfabrik Gustav Tänzer, 1888
Prospekt der Firma Rusheweyh & Schmidt, Langenoels, um 1890
Prospekt einer Berliner Möbelfabrik, um 1880
Prospekt des „Moebel-Fabrikanten & Dekorateurs“ Ed. Wellhausen, Hannover, um 1900
Tapetenmusterbuch, 1901

ABKÜRZUNG
Archiv Museumsdorf Cloppenburg = Archiv Msdf. Clp.

Materialien zur Volkskultur nordwestliches Niedersachsen

Eine Schriftenreihe des Museumsdorfes Cloppenburg

Die Reihe erscheint mindestens einmal, gegebenenfalls auch mehrmals im Jahr und kostet im Abonnement pro Nummer 15,— DM, Einzelnummer 25,— DM.

Wir wären Ihnen dankbar, wenn Sie uns auf beigefügter Bestellkarte Nachricht geben würden, ob Sie in Zukunft am Erwerb des Abonnements oder bestimmter Einzelhefte interessiert sind.

Heft 1, 1979	Helmut Ottenjann (Hrsg.)	Zur Bau-, Wirtschafts- und Sozialstruktur des Artlandes im 18. und 19. Jahrhundert
Heft 2, 1980	Hermann Kaiser	Herdfeuer und Herdgerät im Rauchhaus · Wohnen damals · mit einem Beitrag von Dieter Zoller: Die Herdstelle aus archäologischer Sicht, 3. Auflage
Heft 3, 1981	Marie-Luise Hopf-Droste	Das bäuerliche Tagebuch · Fest- und Alltag auf einem Artländer Bauernhof (1873-1919), 2. Auflage
Heft 4, 1982	Friedrich-W. Jaspers Helmut Ottenjann	Volkstümliche Möbel aus dem Ammerland · Stollentruhen · Kastentruhen · Koffertruhen (Textteil)
Heft 5, 1982	Friedrich-W. Jaspers Helmut Ottenjann	Volkstümliche Möbel aus dem Ammerland · Stollentruhen · Kastentruhen · Koffertruhen (Bildteil)
Heft 6, 1982	Hermann Dettmer	Volkstümliche Möbel aus dem Artland · Stollentruhen · Kastentruhen · Koffertruhen · Laden (Textteil)
Heft 7, 1982	Hermann Dettmer	Volkstümliche Möbel aus dem Artland · Stollentruhen · Kastentruhen · Koffertruhen · Laden (Bildteil)
Heft 8, 1982	Hermann Kaiser	Dampfmaschinen gegen Moor und Heide · Ödlandkultivierung zwischen Weser und Ems, 4. erw. Auflage
Heft 9, 1984	Hartmut Braun	Tänze und Gebrauchsmusik in Musizierhandschriften des 18. und frühen 19. Jahrhunderts aus dem Artland
Heft 10, 1986	Jan Jeurink	Die Trachten der Niedergrafschaft Bentheim, 1875 - 1950
Heft 11, 1986	Hermann Dettmer	Volkstümliche Möbel aus dem Artland · Hängeschränke · Wirtschaftsschränke · Brotschränke · Milchschränke

Heft 12, 1988	Karl-Heinz Ziessow	Ländliche Lesekultur im 18. und 19. Jahrhundert Das Kirchspiel Menslage und seine Lesegesellschaften 1790-1840 (Textteil)
Heft 13, 1988	Karl-Heinz Ziessow	Ländliche Lesekultur im 18. und 19. Jahrhundert Das Kirchspiel Menslage und seine Lesegesellschaften 1790-1840 (Dokumente und Kommentare)
Heft 14, 1989	Anke Schmidt	Der Zinngießer und seine Kunden. Artland · Altlandkreis Bersenbrück · angrenzende Gebiete (Textteil)
Heft 15, 1989	Anke Schmidt	Der Zinngießer und seine Kunden. Artland · Altlandkreis Bersenbrück · angrenzende Gebiete (Bildteil)
Heft 16, 1991	Karl-Heinz Ziessow, Utz Maas, Georges Frechet, Helmut Ottenjann, u. a.	HAND · SCHRIFT — SCHREIB · WERKE, Schrift und Schreibkultur im Wandel in regionalen Beispielen des 18. bis 20. Jahrhunderts
Heft 17, 1991	Elfriede Heinemeyer	Schreibgarnituren aus der Sammlung Kommerzienrat F. Soennecken
Heft 18, 1994	Hermann Dettmer	Volkstümliche Möbel aus dem Artland · Offene Anrichten
Heft 19, 1994	Hermann Kaiser	Ein Hundeleben · Von Bauernhunden und Karrenkötern · Zur Alltagsgeschichte einer geliebten und geschundenen Kreatur, 2. Auflage
Heft 20, 1994	Heinz-Günter Vosgerau	Töpferzentrum Wildeshausen · Nordwestdeutsche Keramik aus dem 17. bis 19. Jahrhundert · mit einem Beitrag von Albrecht Eckhardt
Heft 21, 1994	Gerhard Becker	Das Rechnen mit Münze, Maß und Gewicht seit Adam Ries — „Schuleinschreibebücher" aus Niedersachsen (Textband)
Heft 22, 1994	Gerhard Becker	Das Rechnen mit Münze, Maß und Gewicht seit Adam Ries — „Schuleinschreibebücher" aus Niedersachsen (Materialband)
Heft 23, 1995	Hermann Kaiser	Der große Durst. Von Biernot und Branntweinfeinden — rotem Bordeaux und schwarzem Kaffee. Trinken und Getränke zwischen Weser und Ems im 18./19. Jahrhundert
Heft 24, 1995	Hartmut Braun	Tanz- und Musikpflege des 18. und 19. Jahrhunderts im westlichen Niedersachsen
Heft 25, 1995	Christoph Reinders-Düselder	Ländliche Bevölkerung vor der Industrialisierung. Geburt, Heirat und Tod in Steinfeld, Damme und Neuenkirchen, 1650 bis 1850